新时期嘉定作家群
文学丛书

土布上的乡愁

楼耀福——著

文匯出版社

新时期嘉定作家群文学丛书序

孙甘露

此次由文汇出版社出版的这套丛书,是在2010年,由上海文化出版社出版的《新时期嘉定作家群——资料卷、作品卷》的基础上,为进一步全面深入地回顾新时期以来嘉定作家的文学创作成就,以作家个人作品或作品集的形式,梳理展示嘉定作家在文学创作上的探索和贡献。同时,也令我们深思嘉定这一具有深厚的历史文化底蕴的古城如何在今日延续文脉,养育了风格如此多样的作家,他们的作品透露出对时代和生活的细致观察,叙事沉着从容,不为喧嚣的潮流所动,而角度和笔触又是迥异多姿。

此次收录文丛的殷慧芬、张旻、楼耀福、龚静、须兰、许佳、戴达、魏滨海、戴臻、陆棣、赖云青、赵春华、陶继明、葛秋栋、王威尔等十五位作家的作品,涉及了小说、散文、儿童文学等诸多领域,作家的年龄和创作经历也伴随着新中国的发展而来,他们的作品既表现了当代中国日常生活的巨大变化,也反映出时代变迁下不同阶层、不同领域的人群的内心生活的细微演化;同时,在不同时期和各自领域文学创作的流变中保持了敏锐的观察和高度的警惕,不为时俗所迷惑,又新意迭出,触动人心。深厚的生活积累和对文学历史的深入研究使这些作品周正、持重、谦逊而意蕴绵长。

  对这些作家、作品的研读和品鉴，应该更多地着眼于上海文学乃至中国当代文学的视野中，更应该仔细地探寻滋养他们的嘉定的历史、文化、地理的特质和氛围。在某种意义上，特殊的地理位置，也使他们获得了有效的距离和冷静的观察，这种文学上的大城小镇正是孕育史上无数重要作家、催生重要作品的得天独厚的土壤。

  正如许多专家、学者一再提及的，嘉定作为人文荟萃的名城，产生过钱大昕、陆俨少等著名的学者、艺术家、教育家等，我们深信，随着时间的推移，文丛所收录的嘉定作家的写作，会在历史的眼光中被不断地再发现、再阐发，也为后来者接续传统树立有益的典范。

2019 年 5 月 19 日

自序

近几年，我的几本散文集还颇受读者欢迎，有上畅销排行榜的，有脱销后旧书网上的价格比原价高出十多倍的，甚至发现有盗版的。2018年，我的《寻茶记》出版不满三个月，已经三刷。这些散文集之所以在网络时代销得还不错，除了我的文字和内容比较接地气之外，我想有两个原因。其一，每一本选集大凡都有一个主题，比如关于茶、古典家具、非物质文化遗产等等；其二，始终围绕和紧扣传统文化。

《土布上的乡愁》依然保持了这两点。全书五个单元，分别为"旧情梦忆""旧雨寄愁""旧物玩赏""旧谊新知""旧迹寻走"，收录散文随笔七十余篇，分别从忆旧、怀旧、玩旧、叙旧、寻旧等多角度描述对优秀传统文化的传承。这些文章大多见诸于上海和各地的报刊，有的被选入中学生课外阅读教材，有相当部分为首次结集出版。

被选入中学生课外阅读教材的《老屋旧瓷》，曾经还引发了文外的有趣故事。2016年，我去西北，同行的小梁是我的小粉丝。那年他初中升高中，说有一次考试，试题是分析课外阅读中的散文《老屋旧瓷》。旅途中他百度后知道作者是我，有点委屈地问："这道题18分，我被扣了10分。爷爷，怎么答才不扣分啊？"我听了大笑，我说按你们语文老师的标准，说不定爷爷被扣10分都不止。小梁不信:"是吗?"我说:"我写的时候根本没考虑过什么标准答案。"小梁说:"那我把爷爷的话告诉老师,说这话是原作者说的,看他怎么回答我。"

我确实说不清那道考题的标准答案,但把此文作为学生的课外阅读教材和考题,却从一个侧面体现了如今对"老""旧"传统的重视。

回想我在与小梁差不多的年岁时,"砸烂旧世界""破四旧"之类的标语和口号曾经铺天盖地,那些恋旧怀旧的文字无疑是为"封资修"招魂的异端邪说,作者的遭遇也可想而知。当年被砸烂、焚毁、消灭的体现优秀文化的老建筑、老物件、老传统几乎无法统计。且不说大的像北京古城墙、济南老火车站等众所周知的老建筑,就说小的、我们每个人身边的、亲眼目睹和经历的,也比比皆是。比如我所喜爱的老家具,木雕花板中不少人物的头颅、脸面被凿去;再如江南蓝印花布工艺在它的发源地嘉定的消失,它的复兴居然与一个叫久保的日本老太太奔走、呼吁相关。即使在后来的若干年里,因为某些原因,文化遗产的保护仍未受到足够的重视。

为优秀文化遗产的传承和保护,我们在某些场面也力陈己见,但一介草民毕竟人微言轻。本书收录的一些文章,有相当部分仍可读到我们在这方面的心迹,希望能引发读者共鸣,并喜欢。

2019 年 4 月 1 日

目录

旧情梦忆

- 003 老屋旧瓷
- 008 记忆中的老家具
- 011 多半为怀旧
- 014 漫漫回乡路
- 019 饥饿的阅读
- 022 茶馆记忆
- 025 春日梦境
- 028 此岸彼岸
- 031 爱读书的阿芬
- 034 来世还做母子

旧雨寄愁

- 059 土布上的乡愁
- 065 关于土布的新故事
- 069 作裙的记忆
- 074 追梦蓝印花布
- 079 练江风物,药布笏简布满街
- 082 竹间雅韵

088　文心，嘉定竹刻之魂
092　茶仙原是嘉定人
095　寻踪陆廷灿
098　敬茶坊听雨
101　在文字和图片中寻找
104　土布与弥漫的东方元素

旧物玩赏

117　清代万历柜和描金衣柜
121　清代双拼圆桌
125　徽州木雕之美
128　天圆地方话圈椅
131　清代楠木圆角柜
134　江南丝竹中的和美音符
138　恰似那里的山山水水
147　绘刻文人画的书柜
150　茶桌及其他
155　江南拔步床
163　黄花梨之梦
170　木雕花板
176　永春工木雕
180　喜得四堡印刷雕版
183　插屏
187　竹编食盒及其他

旧谊新知

193　梦见世襄老人
196　邵燕祥嘉定一日
199　乡贤
202　斋名"半闲草堂"
205　白菜本性徐秉言
208　叶广芩初来嘉定
211　与吴亮一起喝茶
214　韩冬的宁静世界
217　人物命运和丰厚内涵
219　谁在西亭说了算
221　纸上"歌咏泛舟"
224　陈杰和他的织锦 7 号
228　申窑的"浪头"
231　禅意久远
234　夏洪林和他的壶中秋意
237　与汪顺富谈明式家具
243　客从远方来

旧迹寻走

251　秋霞圃的石头
254　云翔寺外觅旧迹
257　莫氏庄园和李叔同

260 汤显祖的梦
263 泖口凭吊
266 南澳岛瞻仰陆秀夫
269 在林则徐出生地品茶
273 重游莫干山
276 散慢在扬州
280 黎里缆船石
283 探寻"漆园"
288 从弥陀寺到佛国岩
291 诗文当赋宝山寺
294 寻找天平之甍
300 京都的茶室
303 包车去看海
306 契夫萧安的狂放蓝色
311 冬夜"翡冷翠"

旧情梦忆

老屋旧瓷

浦东的老屋终于要拆迁了,我在屋里走来走去,内心涌突的情感怪怪的。从懂事开始,我对老屋没有太多的好感,拥挤、破陋,夏天潮汛来时,河水可漫到床边,冬天北风从窗缝中钻进来,我那写作业的小手刀割般疼痛。1965年,我离家去嘉定谋生,19岁的小伙子竟有新生般的解脱。

可是此时,面对不久将被推土机化为断壁残垣的老屋,心中却充满眷恋。望着年迈的母亲,我问:"有什么旧物可以让我留作纪念的?"母亲说:"有什么呢?旧凳老椅,早些年破损了,都当柴烧了。紫铜的暖锅、脚炉,困难的日子里都卖给收旧货的,换钱了。"她唏嘘着,似乎在回首昔日一个个苦难的门槛,饱含悲哀。作为贫困人家的主妇,母亲大半辈子在生活中挣扎,把我们兄妹七个拉扯成人本不易。我不再言语。少顷,她说:"想起来了,还有一把老茶壶,两只'鸭船'。"

她颤颤巍巍地把它们从橱里找出来,一把直筒壶,两只"鸭船",不算精致,瓷上的画却颇生动。直筒壶高15厘米,壶底直径13厘米,壶壁绘有渔樵耕读五人,一老翁正在垂钓,笑容可掬,后面一年轻樵夫和耕者正满怀期望地等待鱼儿上钩,渔翁膝下一儿童在读书,另一儿童则手抚鱼篓等待收获。四周绿柳桃花岸石清流,春光明媚。有意思的左边两行小字,虽已模糊,内容仍依稀可辨，大意是渔翁钓鱼樵夫取，与友共享，落款为"余剑守于珠山"。背面草书"客来茶当酒，江西永鑫福写"。壶底有火红印记。

相比之下，"鸭船"上题款的珠山汪永太，当年倒是浅绛瓷绘名家。"鸭船"高6厘米，口径呈海棠花状，长端为26厘米，宽端为19厘米。图案均为高士稚童，山野绿树，颇具雅趣。一件上写"诗书教子胜带金锄"，落款年月为"丙午仲秋"，即光绪三十二年；另一件写"闲与儿童同玩赏"等字句，落款"丁未仲冬"，即光绪三十三年。

清末，景德镇把浅绛画技法运用到了瓷画中，内容不乏花鸟、人物，逐渐自成一体。后人称之为浅绛彩瓷，从清末到民国初，活跃了六十多年。后因介入的匠人渐多，水平参差不齐。但汪永太的浅绛瓷绘，仍被世人所赞赏。

这几件旧瓷，我依稀记得是阿爷留下的。阿爷从宁波乡下到十里洋场闯荡，在浦东张家浜畔的"源记"酱园打工。"源记"倒闭后，老板把这十几间老屋托他代管，其中出租屋的租金算是给阿爷的养老金。我出生的那年，阿爷刚故世。虽没见过他，但从他用过的器皿中，我仍会感受到他那时的气息。"鸭船"内底所刻"源记"两字，便是再清晰不过的注释。

记忆中，每年夏天母亲用那直筒壶盛放凉开水。每每嬉戏之后，我们感到口渴，便会爬到椅上，半身趴在八仙桌上，直接把汗滋滋的小嘴凑到壶嘴上，咕噜咕噜地牛饮水一般喝掉半壶。吃饭时，我们嫌刚出锅的饭太烫，想用凉开水淘着吃。母亲却不让，她说："热饭凉茶淘，爹做郎中都看不好。"我至今仍不明白

老屋动迁那天我的父亲母亲

她这话里究竟有多少科学依据，多半是她的人生经验积累吧。但不管怎样，我却始终记着，不但从不用凉水淘热饭，还将它归纳为养生诀窍。

"鸭船"这个名称想来是母亲的独创，很形象，器形像船，又用来盛全鸡全鸭。"鸭船"一年到头只有在过年祭祀时才用。清明、冬至或逢阿爷阿娘的忌日，母亲也祭祖，只是家贫，无全鸡全鸭可供奉，"鸭船"也多不用。除旧迎新过大年，再穷的人家平时再节俭，那时也要忙碌着磨糯米粉、浸年糕、烧许多菜。大年夜祭祖，看着满桌的菜肴，尤其是鸡鸭，平时饥肠辘辘的我不免馋涎欲滴，总忍不住要去触摸一下。母亲这时会说："先让阿爷阿娘吃，小人不要没规没矩的。"

现在，我父母也都故世，每逢相关节气我也祭祀供奉，这"鸭船"我是断然不用的，仪式也简约许多，只为寄托一份思念。

物是人非，旧瓷从阿爷阿娘手里到我父母一辈，如今又被我所藏。在牛气逼人的藏家眼里，这几件再普通不过的器物实在是不屑一顾。而我却以为，收藏有时并不在乎价值，更在乎感情，在乎面对旧物心头升起的一份记忆和亲情。虽然惆怅，却更多温馨。

2010 年 9 月

记忆中的老家具

2006年秋天,我把87岁的老母亲接到嘉定住了几天。母亲一会儿摸摸圈椅,一会儿又在圆桌边站立许久,然后嘀咕了一句:"你把这些老东西都买到家里来了?"我很久不明白母亲这话是什么意思。

我老家在浦东黄浦江边。阿爷从宁波乡下出来后,一直在源记酱园做工,年老后,老板把源记酱园的十多间老屋托他代管。除了自住之外,阿爷阿娘把多余的空房租给远房的亲友住。附近乡邻把张家浜畔的这些老屋叫"酒作坊",想来源记酱园也曾酿酒。我清晰地记得那是一个大院,四周瓦房环绕,场地全都用酒甏碎片铺设成一个接一个的六角形图案,很是好看。院子里有棵石榴树,每年开花结果。

老屋是有些老家具的。我记得客堂间有张八仙桌。儿时,张家浜的河道还没改造,每年夏天要发大水,大人们处于水深火热之中很苦恼的时候,我们却像庆典盛大的节日,在污浊不堪的水中嬉戏,很开心。发大水的时候,母亲总要把衣物、米缸置放在高处,怕被水浸着,八仙桌自然也得忍辱负重。而它的腿在水的浸泡中慢慢腐烂。大水过后,父亲把邻居"老木匠"家的锯子借来,锯掉桌腿烂坏的部分。我19岁到嘉定去工作的时候,这张八仙桌屡经截肢已经很矮了。近些年,我涉足旧家具市场,每每看到由八仙桌改制的茶几，我就要想到老屋的这张富有牺牲精神的旧桌。

相比八仙桌，两侧的扶手椅材料则好得多，任凭大水年年浸泡，丝毫不烂。童年时，我一个人都搬不动。现在想来那木材不是柞樽便是酸枝，硬木是一定的。即使是硬木，年旷日久，椅子也现出了颓败相，先是扶手榫头松动，再是靠背脱落，最后成了光秃秃的方凳。上世纪90年代初，我搬新居，装修时木工泥水匠要一件可以登高的踩物，我把它搬到嘉定，承工人踩踏。装修完毕，此凳被泼溅得全是泥灰油漆，脏污不堪。我嫌它有损新居形象，随手弃置于楼层走廊，几天后便不知去向。现在想来有点悔，再脏，那料还是上乘的。再说那脏是可以洗刷的呀。

客堂八仙桌后面是一张长条架几案，榉木的。我印象最深的是那架在上面的整块独板，3米来长，40厘米宽，10多厘米厚，憨实敦朴。记得那条案上有铜制的烛台、香炉，背后墙上的内容一直在变，先是古画，两侧对联内容是"积善人家春常在"之类，接着又挂过孙中山、毛泽东肖像，最后挂的是阿爷阿娘的遗像。这架几案后来的去处我问过母亲。由于年久，架几松散后当柴烧了，那块搁板弟弟造房子时缺料，给了他。母亲解释说，家里的旧木料给你做过书橱，我一碗水总得端平。弟弟的房子在浦东开发时被拆了，那块被分解后作为房屋建材的榉木搁板想必也已化为瓦砾灰烬。

老屋的旧家具我能记忆的还有好几件，比如竹编的摇篮，架子上雕刻着"连中三元"的字样，我小时候躺过，上世纪70年代中期，我儿子躺过，再之后我的弟妹都生儿育女了，又让他们的子女躺过。睡过这摇篮的那些晚辈,后来个个金榜题名、"连中三元",只是那摇篮早已杳无踪影了。

母亲注视着我新居中的旧家具,其神情很耐我寻味。她的一生经历过太多的动乱和磨难,迫于生计,她又能把这些家具怎么样?我们现在很在意的、觅宝似的希望获得的东西,在以往,世人都不怎么当回事。即使有人当回事,在贫穷乃至愚昧的年代,又能如何?

2008年初春,饱经沧桑的母亲走完了她苦难的一生。我在含泪整理她的遗物时,发现一件藤制的"被甩",用来拍打棉被的。小时候我们不听话,母亲曾用它打过我们屁股。由于岁月的打磨,这"被甩"的包浆已红得透亮。

旧物被遗弃太多太多,此件"被甩"虽不显眼,我仍视之甚重,很珍惜。

2008年7月

多半为怀旧

这对民国榉木扶手椅,是崇徽堂小汪向我再三推荐的。他说,尽管年份较近,距今不足百年,但它用料讲究,尤其是款式、做工,有许多独到之处。

它的用料不就是榉木吗?然而正是这种榉木,让人倍觉温婉、柔美。世上喜欢榉木色彩和纹理的,不乏其人。前些日,读濮安国先生的《明清苏式家具》(湖南美术出版社2009年10月版),濮先生认为:"江浙地区选用椐(榉)木制造家具,是古人在长期生产实践中对家具物材自然属性不断认识的结果。用椐(榉)木制造的家具十分坚实牢固,满足了人们实用美观的要求。事实上,椐(榉)木在重量和硬度等物理性方面都与濒鹉木大致相仿。在江南地区,椐(榉)木属硬木类,民间没有将这种木材视作柴木而当作柴料,并且一直把它作为制造优质家具的良材。"由此可见,小汪说这对榉木扶手椅用料讲究,也颇有道理的。当今,黄花梨、紫檀木等罕见,连正宗的老红木也奇货可居,古旧家具中榉木确不失为上乘良材,尤其是江浙一带的红榉与黄榉。

至于款式、做工的独到之处,小汪更是津津乐道。扶手椅总高99厘米,座高50厘米,座宽61厘米,深47厘米,通体比例得当,简朴大气。小汪让我看扶手和靠背的拐子龙:"外面是圆角,里面也是圆角。你摸摸,润不?"他又让我看卡子花:"这类扶手椅很少用卡子花，你看，扶手的卡子花是'和合二仙'，靠背拐子龙之间的卡子花是蜡烛台，很少见吧？靠背的木雕，上面是卷草纹，下面是透雕牡丹，花开富贵，中间那块是你们读书人喜爱的题材'戏鹅'，漂亮吧？"他笑嘻嘻瞅着我："买回去，你又可以写篇美文。"

我反复观看抚摩，确很喜欢。"我要了，开个价吧。"我说。

我之所以买这对扶手椅，除了小汪所说几点外，更主要的便是对往昔的怀念。这对扶手椅勾起我许多儿时的回忆。我在浦东黄浦江边度过童年的老屋里，原先有一对这样的扶手椅，是爷爷那代传下来的，放在客堂间八仙桌两侧，很沉，幼时我常在那椅上爬上爬下。年旷日久，它破损，然后消失。

许多年后，我迷恋上古典家具。在旧家具市场，每见类似的扶手椅，我总会不由自主地停下脚步多看几眼，甚至每每让我有购买的冲动。

2006年，母亲在我嘉定家中小住，她抚摸着圈椅、双拼圆桌时，曾喃喃自语，神情耐人寻味。生性木讷的我当时不解其意。

母亲逝世后，我在报上读到关于天津收藏家张连志的故事。张连志赚得第一桶金后，做的第一件事是为母亲买了一套清代红木家具。这套家具虽和张家曾经拥有又流失的那套不尽相同，但他母亲仍异常高兴。那天，他雇了辆车，连夜赶路，开了几天几宿，把从上海买的这套清代红木家具运回家，就想让老娘看看。到家了，老娘一看，那个笑啊，他至今难忘。

读着张连志用这种方式回报母亲，我顷刻明白了我母亲那时喃喃自语的全部含意。我不禁两眼湿润，为回报那份人间最伟大的爱，我不如张连志啊！

斯人已逝，每次想起母亲，想起她为我们所蒙受的苦难，我心中常会隐隐地痛，久久不能自已，动情时甚至泪流满面。如今我买回这对扶手椅，多半为着怀旧，为着对母亲的怀念。虽然，她再也看不到了。

2012年2月

漫漫回乡路

说来惭愧，年过耳顺还从未去过我祖籍慈城那个叫楼家堰的小山村。许多年前，祖居被烧掉后，阿爷带着全家颠沛流离至十里洋场，家乡从此没有亲人。我们像是断线的风筝漂泊的萍。

对故乡的思念我从未间断。幼时，常听父亲说他少年时代曾在慈湖畔听过麒麟童周信芳的戏，杨梅上市的时候他常回忆在妙山采摘的趣事。河姆渡遗址被发现时，他又向我叙述河姆渡离故乡并不遥远。父亲填写履历，籍贯有时写慈溪，有时写余姚，让我云里雾里不知怎么回事。我一次次地在想象中描绘故乡，在梦中寻觅故乡。

1990年前后，上海作协组织宁波籍作家寻根活动，我也忝在其列。负责接待的当地干部小周得知我姓楼，便说月湖楼氏是宋代宁波"四大士族"之首，"庆历五先生"之一的楼郁、官居宰相的大学士楼钥都是名垂史册、荣冠一代的望族，只是败落后子孙流散各地。出身贫寒的我无法想象祖先曾经的显赫，更无以考证我的血脉与他们是否相关。虽无奢望，我却从此多了几分阿Q式的豪气和兴奋。

第二天，好多作家找到了自己的"根"。最有趣的是公安局的周云发和铁路局的周明发，祖辈居然同村，原先以为他们是兄弟辈，谁知找到族谱，云发竟是明发的叔公辈。当即大家哄笑着

门牌仍写着"楼家堰"

要明发孝敬"叔公"。小周陪我到一个也叫"楼家"的小村时已是黄昏,凭着从父亲那里获得的信息,我感觉那里并非我祖地。我一脸惘然。小周快然说:"你没有很明确的方位,我只得下次再陪你去找了。"我不想让一车人随我颠簸,只得作罢。

回上海后,我不止一次地央求父亲陪我去寻"根",却终因各种缘由未能成行。后来父亲年事愈高,我便不再开这个口。乡关何处,一直是我心中抹不掉的情结。去年秋,冯骥才的一篇《我为慈城担忧》又一次燃起我思乡的欲望。

除夕,全家团聚。儿子说他春节想外出,叫我推荐去处。我脱口而出:"慈城。楼家堰。"儿子供职于跨国公司,常在东半球西半球之间飞来飞去,理应让他知道自己的根。大年初三,他果然去了慈城,去了楼家堰,并带回许多照片。

我是踏破铁鞋无觅处,他却得来全不费功夫,下一代让我刮目相看。我说:"你本事蛮大的。"他一笑,说:"你找不到是因为地图上没有楼家堰了。"我说:"那你怎么找到的?"他说现在改叫楼家沿,一字之改让他用 GPS 也找得很辛苦,到了目的地,村里人家的门牌仍写着"楼家堰"。又说:"你什么时候想去,我做向导。"于是便有了几天后的回乡之行。

说到回乡,贺知章的"少小离家老大回"脍炙人口。于我,说得更恰切些,应是"祖辈离家儿孙回"。车过杭州湾跨海大桥,去慈城的路牌已赫然在目。行程不过两个多小时,而我却走了大半个人生,可谓回乡路漫漫。

一条新铺的水泥路直通我家乡,村子依山傍水,几幢新建的农宅富丽堂皇,好几家门前停着豪车。我望着农家一块块蓝色门牌,忍不住用手一次次地去抚摸那微凸的三个白字:"楼家堰。"心,莫名地激动。乡亲们陌生而又热情地望着我们,一位老太知道我们来意后,叫着老伴:"老头,上海客人来寻上代!"这浓浓乡音让我倍觉亲和。

老太叫来的是位年近八旬的老者。我告诉他我阿爷的名字,他记不清晰。我又说我父亲五兄弟,分别叫什么。他想起来了,说他们比他大好几岁。他带我至一间低矮的柴屋前,指着屋后面,说我阿爷曾经的老屋就在那里。"你再晚几年来,差不多要没人知道了。"言语之间,老人不乏沧桑。

与村子一河相隔的山,便是妙山。老人说:"你阿爷就埋在那里。"

我从未见过阿爷,此刻我向山间仰望,苍茫之中只见满山坡的翠竹绿树繁衍得很茂密,蓊郁葱茏。绕山的小河虽不宽,却清澈,缓缓流动的水声向人们诉说着它正奔向四方。我满腔虔诚,有道是"山不在高",我那饱受苦难的祖辈说不定在这座并不雄奇的山里早已羽化成仙,庇佑着远在他乡的子子孙孙。

2010年4月

饥饿的阅读

每次找东西,总会找出意外来。"五一"那天找出几册旧时的《人民文学》,有五十多年了,分别是1960年、1962年、1964年的。1964年那期封面画是《铸钢工》,作者是当年名画家。

"五一"国际劳动节,看着封面上的《铸钢工》,我觉得有点意思,就把它晒上互联网,不料引起热议。有说"那个时代,工人貌似很吃香",她"认识两位教授的女儿,结婚对象都是青年工人"。也有说,与产业工人结婚"在那个年代是规避风险",她"找了一个根正苗红的","的确有效",没有人再敢欺负她了。

这几本旧杂志,于我却不在于工人吃香不吃香,而在于勾起我对往事的回忆。几次搬家,我丢掉过不少东西,但这些却没舍得丢,那是因为有我少年的记忆在。

那时我念高中,家里太穷。每月5日是作为"劳动者"的父亲领工资的日子,母亲第一件事就是叫上我们兄弟三人,与她一起去米店把全家一个月的口粮全部买好,每人肩上扛一袋,从一公里以外的米店背到家中。母亲的那袋当然最重。她害怕前吃后空。她这样做,到了月底即使用完了父亲微薄的薪水,无钱买别的物件,一家人的口粮却是确保了。籼米涨性足,为让我们吃饱,她还将每个月少得可怜的几斤大米指标与邻居无偿换取籼米指标,个中另一原因是因为大米每斤比籼米贵几分钱,她舍不得。更有意思的是,每天淘米,她总要悄悄抓一把放在另一只小米缸里。每月5日的前几天,青黄不接,是家里最难过的。早晨我总听见母亲用铁皮罐刮米缸底的声音。实在刮不出米粒了,母亲就搬出小米缸,用每天省下的一把米,度过艰难。至于买菜的钱,她只能向四周邻居去借,5日那天再还。借几角钱,也难免听到冷言冷语。母亲晚年,我每次去看她,她总是向我诉说这些陈年往事,嗟叹之余不由心酸。

母亲知我爱读书,虽穷得吃不饱,还是从牙缝里省下钱来,每月给我一元零用,让我订阅文学杂志、买书。我每月花两角五分订一本《萌芽》,余下的钱买我喜欢的《人民文学》《少年文艺》等。每逢星期天,我去得最多的是东昌路新华书店和福州路旧书店。从家里走到东昌路,半个多小时,全是步行。到福州路,摆渡过江后也从不乘车。那几本1960年和1962年的《人民文学》便购自福州路旧书店期刊门市部。

当时编《人民文学》的全是为我所崇敬膜拜的大家,作者也多赫赫有名。纸质泛黄的内页,少年时我读过之处留下钢笔圈划的墨水痕迹仍在,那是我最初接受文学熏育的印烙,也是我最初编织作家梦的经纬。时隔五十余年,我重新翻阅,不禁笑了,那些口号般的豪言壮语曾被我圈点着作为警世名句,而那些对"彩色田野"的描绘居然那么充满诗情画意而被我打了一个个赞赏的五角星。字里行间出现的稻米香、烤肉香,我不知当年阅读时是否有画饼充饥的快感,但垂涎三尺却是肯定的。

掩卷之后,我又感觉到饥饿,在庆幸当年千千万万饥饿者中我仍然活着的同时,忽然感到那些美丽文字怎么没有一篇叙说那个年代真实的饥饿?望着封面上浓眉大眼脸色红润精神饱满的铸钢工,五十年前那个面黄肌瘦瘦骨嶙峋饿着肚子的少年苦笑着,耳边挥之不去的是他母亲刮米缸底的凄厉声音。

2014 年 8 月

茶馆记忆

新年伊始,上海档案馆举办"兰台光影"摄影展,我在一张题为《沪郊小镇茶馆》的老照片面前站了很久。照片中,五六个已过中年的男子围坐方桌,正喜滋滋地议论什么,系着围兜的茶馆老板正为他们冲泡茶水,壶是很一般的紫砂壶,茶盏倒是白瓷的,只是其中一只已有崩口,身后的炉灶热气腾腾。照片摄于上世纪80年代初,当年再普通不过的场景唤起我许多回忆。

我的童年在浦东度过,记忆中我居住的那条街路转角处有一家茶馆,我上小学的时候每天早晚两次必经那里。现在寸土寸金的陆家嘴金融区当年是城乡接合部,那个转角处还是个小小菜市。茶馆很热闹,菜农卖掉了菜,带着扁担和空箩筐,喜欢在那里小坐,喝一壶茶,从对面大饼摊买一副刚出炉的大饼油条,美滋滋地享受。港区上完夜班的码头工人也会在茶馆小憩,身边还带着杠棒,黄澄澄的,在晨光中闪亮。我的父辈们也喜欢在那里消磨时间,大到美国人在日本扔原子弹,小到某户人家生小囡发红蛋,家长里短都是他们的话题。1965年,我去嘉定谋生,离开的时候我还在那里的老虎灶泡过开水,两分钱一热水瓶,三分钱可灌两瓶。

浦东的这家茶馆不算大,大一点的茶馆往往与书场连在一起,喝喝茶听听评弹的也多为布衣百姓。我初到嘉定,南门的茶馆规模与我儿时常经过的那家大抵相仿,而州桥的塔厅书场排场就比较大了。这些年,殷慧芬迷上评弹,家里的音响常播放委婉的弹词开篇。一天,一个叫阿庆的朋友来串门,一听唱词他喜笑颜开:"喔唷,蒋调么!"我顿觉惊讶,这家伙对评弹熟呵!阿庆却道出其中缘由:自幼父母常叫他去塔厅书场的老虎灶泡开水,他手提热水瓶,乘机在那里多待刻把钟,久而久之对蒋月泉张鉴庭余红仙的腔调就熟了。那天他还真的咿咿呀呀地唱了几句《宝玉夜探》。阿庆的叙说如同生动画面,于他于我,记忆中的塔厅书场恍然在目。

类似的场所还有嘉定西门的上林春书场,由我策划编辑的《人文嘉定》(上海文化出版社2006年8月版)中说:"上林春书场建于清代","书场中、晚两场演出,早上主要作茶馆","水路来的,把船停在河里,上岸即到上林春来泡一壶茶歇脚。陆路来的,不管挑担、步行,也是到此聚集。水陆交汇,好不热闹"。21世纪初,房地产开发商的推土机在"上林春"对岸隆隆作响,我和殷慧芬想在发热的推土机面前泼盆冷水,请来新华社、《新民晚报》记者和文化名人尔冬强。尔冬强站在练祁河南岸眺望"上林春",连称其美,激动得想把它买下来。如今"上林春"旧屋尚在,只是既无茶香更无吴音绕梁。

这些年,我们也常在江南小镇古村行走。有一年在苏州东山的一条老街见到久违的旧式茶馆,几张八仙桌,柜架上摆放着老茶客们寄存的茶具,搪瓷杯、紫砂壶、大小不一当茶杯用的酱菜瓶……一侧竖着卸下的排门板,门板上的木纹与店主一样苍老。老太已七十开外,老伴已故世,儿女在苏州高新技术园区。忙上忙下,老人在灶前的动作已不很利索。见我们一行十来人在茶馆坐下,她满心喜欢。攀谈中,老人对茶馆未来深感迷惘,晚辈虽常来看望,但要他们继承这份家业无异于天方夜谭。以后,每去东山,我总想找这家茶馆,却总找不到,是什么原因我说不清,心头总有几分苍凉。

我们也曾在浦东新场古镇见识过一家老茶馆,那次去时正在整修装饰,望着纵横交错的脚手架,我又心生感慨,装修一新之后,那些手执扁担的菜农、卷着裤脚管的船民还能随意出入吗?会不会也像那些奢华会馆一样,门口竖起"衣衫不整者谢绝入内"的招牌?沪上茶楼动辄一壶几百元的标价已屡见不鲜,更有甚者消磨一个晚上花费万元呢!这让每月三四百元镇保收入的市郊农民如何消受?

"食罢一觉醒,起来两瓯茶。"属于布衣百姓的茶馆今何在?

2010年2月

春日梦境

春日多梦,昨晚又一怪梦。梦见我年轻时做过苦力的翻砂车间。开炉,出铁水。我躲在一边。铁水包被高高吊起,突然吊链断裂,火红滚烫的铁水顿时翻落,站在炉边的全被烧死,无一生还。其中有我当年较亲密的朋友。躲在一边的我惊恐之余庆幸自己逃过一劫。

不一会,一个早早离开翻砂间的汉子驶着辆大吊车过来,只见他转动硕大摇臂,然后向翻砂车间屋顶使劲一砸,整个车间顷刻塌毁,里面的人又全被压死。我在梦中又为自己庆幸,幸亏我不在里面。

整个梦,像一部灾难片。

我经常做一些怪梦,只可惜有许多梦醒后全忘了。要不,记录下来会很精彩。有些未忘的,我也曾写成文章,如《梦见世襄老人》,发表后不少朋友说好,连邵燕祥老师都从北京打电话赞许,并说"早知道你是王世襄的粉丝,在他活着的时候我就应该介绍你们认识"。这篇文章后来作为拙著《月河淘旧》的"代序"。有些梦,虽未形成文字,但我每次说给朋友们听,他们都说"灵额灵额,你写下来,肯定赞"。

母亲还在世的时候,我做过一个梦,梦见她骑着一辆蓝色自行车从浦东到嘉定来看我。第二天一早醒来我就对妻子说:"我要到浦东去,姆妈想我了。"她问我怎么一回事,我把梦中所见说给她听,她大笑:"哪能介好白相,姆妈八十多岁了,从来不会骑自行车,从浦东骑到嘉定,要骑到啥辰光?去吧去吧,我跟你一起去。"匆匆吃了早饭,我开着小车直奔浦东。有意思的是我那辆小车与我梦中所见那辆自行车的颜色一模一样。

母子间也许是有心灵感应的,见到母亲后,她说昨晚也梦见了我,梦见我与别人在吵架,她在梦中想:"耀福小辰光不跟别人吵架的,现在哪能介会吵?"她仍像我小时候那样叮嘱我:"勿要跟别人吵。"母亲已过世多年,年过耳顺的我有时遇不平事仍会激动,想起母亲的叮嘱,我的心即刻会平静许多。

我也梦见美女,有从未谋过面的,可见爱美之心人皆有之。有次在梦里见到一位,我惊讶天下还有如此艳丽性感的尤物。近之,却发觉滴溜溜转动的眼珠竟是玻璃球。美女原是机器人。后来我向朋友们叙说,都说我老了还这么花,是个"花痴"。我却在想,没有热的血,没有思想和灵魂,纵然再美,又有什么可爱?怪诞的梦,也引起我形而上的思索。

有道是"日有所思,夜有所梦"。这话有一定道理,比如我对母亲的思念,就常常令我在梦中见到她。但也不尽然,比如这翻砂间,我几乎不去想它。虽然我在那里吃过苦,至今我手上还隐隐有块疤痕,那是一次开砂箱,有个师傅一不小心将一块滚烫的铸铁浇冒口甩在我手背上留下的。开炉以后待铁水稍稍冷却,便要开砂箱,整个过程只需一个多小时,但很苦很累很热,都不愿干。车间主任为调动积极性,凡参加开砂箱的可获得整整一天的调休券,为此,我常常自告奋勇。我靠苦力换得的调休券有十多张，悲哀的是后来翻砂车间解散，我被调至别的部门、别的单位，他们都不认这笔账，开玩笑说："你这不是全国粮票，调动了单位，成了过期车票。"这些事，要不是昨天的梦，我差不多全忘了。我唯一记得的，那么多年我在那里长了力气强了体魄。

我不会解梦，年轻时读弗洛伊德《梦的解析》也不求甚解，我不知道这春日梦境梦见翻砂间倒塌意味着什么，我隐约觉得有点意思，但说不清。

2014 年 4 月

此岸彼岸

那天，我登上昔日上港三区码头老仓库的二层平台，向浦东眺望，陆家嘴金融贸易区的恢宏和美丽让我吃惊。我不敢相信那里是我出生并度过童年和少年的地方。儿时的生活场景与眼前的富丽堂皇叠在一起，我恍如梦境，感慨不已。

二十多年前，我写过一篇题为《彼岸》的小说，黄浦江东岸在一个穷孩子眼里贫穷、破败、不堪入目。小说发表后，被一家选刊转载，并要我说几句创作体会，我直言：我就是那个小男孩。

19岁那年，我离开浦东去嘉定谋生。因为父母弟妹还生活在那里，那条穷巷还常常让我牵肠挂肚，甚至在梦里一回回看见它。一次次的回家探亲，每当乘着轮渡踏上浦东岸土的时候，渡口的那条弹硌路依旧是黑黢黢、黏糊糊的，嵌满了来自港区的煤灰，总觉其依然落后。直至开发浦东后，那里才开始了脱胎换骨的变化。

此刻，我站在东码头的仓库外，被对岸的胜景所迷醉。夕照下，浦东的摩天大楼真像"是用水晶砌成的"，此起彼伏，在澄清的天幕上勾勒出美妙的线条。我和同伴边赏景边议论，身后有人似有新的发现。我回过身，看见仓库面对黄浦江的墙体上还残留着"文革"年代的标语。红字虽已斑斑驳驳，内容倒仍可辨认。

蒙垢的标语和浦东今日的瑰丽本无太多的关系，然而，置身于两者之间的我竟生出许多联想来。这样的红标语曾经在这块土地上铺天盖地，汇成所谓的"红海洋"。随着斗转星移岁月流逝，红标语不断被中文英文象征着繁荣的霓虹广告和清新、充满活力的创意图案所更替，改革开放许多年后，已像隔世"文物"般稀罕。每见之，人们总少不了一番评说。在红标语风行并鲜艳着的年代，浦东有什么？农田、村舍，烂泥渡路老白渡路其昌栈的贫困，轮渡口的挤攘……这些年里，红标语的模糊、破败乃至消失的过程恰恰是浦东发展、发达的过程。这一此消彼长的形态，我以为决不是偶然的巧合，这其中的必然很值得社会学家、经济学家和文化学者们深思、探究。

在红标语模糊的初始，我的一些朋友还担心某一天又会重新艳丽，国门刚被打开，就远渡重洋，选择去海外发展。美国、日本、澳大利亚、新西兰在他们眼中，如同我孩童时代所憧憬的"彼岸"。他们不曾想到，随着红标语的逐步消亡，"此岸"也得到了蜕变，一如浦东。于是他们又纷纷回归，展露才华，创造人生。

墙体上看得见的红标语如今已经消失得差不多了，我更期待人们脑袋里种种看不见的被美丽口号伪饰着的荒唐观念彻底消亡。也许，那一天才是更美好的时刻，而摩天大楼背后我的父老乡亲、兄弟姐妹们才会露出更多的自信自尊的笑容。

昔日上港三区码头现在已被改建成世博水门秦皇岛路站区。建于上世纪二三十年代的老建筑在经历了近一个世纪的风雨后，有些已显老态。建设者们在对外立面进行整修和结构加固的同时，修旧如旧，留下很多老码头"原汁原味"的历史印痕，获得了众口赞许。墙体上的这条标语没有被铲除，也许也是刻意为之。作为一种警示，它为的是让人们不要忘记那段荒唐历史。

2010 年 7 月

爱读书的阿芬

阿芬是个读书的料,要上小学了,爸妈就让她报虹口区最好的小学:"一中心"。"一中心"要面试。爸妈事先教她,叫什么,几岁,住在哪里等等。她记住了。面试时,老师问她叫什么,老师说的是普通话,她听不懂,"啊"了一声。问她几岁,她还是听不懂,又"啊"一声。第三次问她问题,她还是"啊?啊"。老师挥挥手,叫她回去,未被"一中心"录取。之后她只得委屈在民办的鸭绿江路小学读书,全校就一个班级,一个老师。语文算术都是他教。下课了,没人敲铃,老师自己走到教室门口,拉了拉铃,铃响了,算下课了。学校没有操场,体育课在天井里上,几个小朋友围成一圈,脚钩脚跳几下,就算上过体育课了。

三年级的时候,鸭绿江路小学并入峨嵋路一小,在三角地小菜场楼上。班级多了,老师也多了。教语文的老师,长得很富态,胖胖的,待阿芬很好,常请阿芬她们到她家里去白相。她家在四川路五金店楼上,很大,老公是个小开,还有小老婆。小老婆平时住在别地方,星期天才到四川路来,瘦瘦的,很苗条。阿芬现在仍很奇怪,大小老婆居然"和平共处",关系很好。那个小开,现在讲起来就是上海老克勒,那时候就有一台照相机,阿芬她们四年级时候在外滩公园那张照片,就是他拍的。

教算术的是个右派。有一学期,不知什么原因没来上课,临时叫了一个代课老师，很年轻。每次上课，他大半节课讲故事，比如真假胡彪，让一匹马去辨认。他不按小说中写的讲，按苏州评弹中说书先生的版本讲，同学们没听过，很扎劲，觉得这个老师好。留下小半节课，他稍微讲讲课本，然后布置作业题。每天这样。

阿芬的小姐姐慧琴也在这所学校读书，比她高一级。学校里教室不够，学生一般只上半天课。姐妹俩一个上半天，一个下半天。有时也会调课，两姐妹都在上半天上课。教室之间只隔一堵薄墙，调皮的学生在墙上钻一个小洞，从这个小洞可以看见隔壁教室在做什么。有一次，阿芬也透过墙上小洞张望隔壁教室，巧得很，隔壁靠墙坐的正是她小姐姐。她写了一张纸条从墙洞里塞过去。写什么，她忘了，反正是"骂"她小姐姐的。

阿芬自小痴迷文字，开学时，哥哥姐姐的新课本发下来了，她一本本全部都要从头读一遍，历史、地理甚至生理卫生，一本不错过。阿爸晚上吃老酒，差她到小店去买一包油氽豆瓣。豆瓣吃完了，那张包豆瓣的纸她舍不得丢，从头到尾要看完。她家二楼住着一个在海关坐写字楼的杨先生，经常撑一根司的克，咬咬烟斗。杨先生有个女儿与阿芬同岁，他叫自己女儿"阿拉杨小姐"，叫阿芬就直呼其名了。杨先生订了份新民晚报，邮递员送报原先放在楼下信箱里，阿芬近水楼台，在杨先生取报之前先要从头到尾看一遍。有一天被杨先生发现了，心想楼下这个阿芬介喜欢看书看报，将来不得了，得防着点。此后他叫邮递员把夜报送到门对面裁缝老王那里。每天，老王见杨先生下班了，就会叫一声："杨先生，夜报来了。"杨先生就会从二楼探出头来，再从窗口放下一只竹篮,让老王把夜报放在篮里,再吊上去。阿芬此后再也读不到老杨家订的夜报。这段经历让阿芬刻骨铭心,成年后她专门写过一篇小说《楼上楼下》。

阿芬的大哥大姐早早出远门,当兵的当兵,上军校的上军校,家务活小姐姐慧琴做得最多。每天,别人功课做完了,她还在灯下做作业。算术做不出,倒过来问阿芬。三年级的阿芬拿过四年级的算术课本,看一看例题,就把她小姐姐的题目解答出来。命运令人不可捉摸,当年做不出算术的小姐姐在单位提早退休后,受聘在一家规模不小的民营企业担任会计,整天与数字打交道,今年70岁了,我们都说该歇歇了,她说老板怎么也不放她,对她说:"你有什么要求尽管说!"嘿,还蛮牛的。

而从小只知道读书,父母也说"阿芬书读得好,总要让她读下去的",命运却让她在1966年夏天初中毕业,再无读书机会。

有意思的是阿芬进厂当徒工,上班第一天,师傅看她这么个瘦弱小姑娘在机器上一天几十次地将直径六七十厘米的飞轮齿圈搬上搬下,用当地土话问她:"侬阿夯得动?"她又听不懂:"啊?"师傅连问三遍,她连着反问三个"啊?"气得师傅别转头就走,再也不搭理她。

2016年12月

来世还做母子

2007年8月8日，老母亲摔了一跤，躺在医院的推车上，已无法说话。88岁了，被诊断为脑内胪溢血，医生建议保守医疗。她睁开眼，望着我，等我拿主意。我对医生点点头："需要我们家属做什么，尽管说。"我把自己的手机号留给了医生。

妹妹告诉我，前两天母亲有低热，医生建议她住院挂针输液。她不肯。每个月我总要抽空来看母亲，我懊悔自己为什么不早两天来看她。

妹妹说：她问过母亲，要叫大哥来吗。母亲说："你大哥也六十好几了，天那么热，嘉定路远，不要让他赶来赶去了。"

我听了，唉了一声，两眼泪水涌动。

一切安排妥当后，病房时钟指针已近子时。母亲突然对我开口说："路远远的，好回去了。"

这是母亲一生中最后一句话。后来她躺在医院七个月，再没说过话。

母亲王文菊，小时候长辈们叫她阿菊，1921年1月生于宁波镇海，时值庚申岁末，属猴。

读高小时，我代母亲给乡下外公外婆写信，信封上的地址是：浙江镇海渡驾桥中官路三斛王大树下。没有门牌号。

2006年,母亲王文菊在嘉定

我外公叫王杭生，外婆叫汪春香。外婆有个弟弟在浦东张家浜路59弄的路口开了一家烟纸店"汪春记"。门面很小。母亲年轻时从乡下到上海，在"汪春记"落脚，认识了我父亲。

张家浜是黄浦江一条支流。水向东流百余米后往南拐弯，再一路往东。旧时，人们将往南拐的一段沿岸人家称"酒作坊"。因为那里原本有个"源记酱园"，做酱油，也酿酒。改叫59弄，大概是1949年以后的事。

我的祖籍是宁波慈城妙山乡楼家堰。不知哪一年，家乡祖屋被烧，阿爷就带着阿娘和我父亲五兄弟来到上海，在源记酱园打工。"源记酱园"歇业后，老板去了香港，酒作坊十余间旧屋就托我那劳累成疾的阿爷代管，直至老去。

我父亲排行老五，是家里老小。从酒作坊沿河到张家浜街上，"汪春记"是必经之地。"汪春记"也是家里平日买烟买肥皂草纸火柴的供应点。正是这样的机遇，成全了我父母的婚姻。

母亲未出嫁时是家里长女。乡下重男轻女，什么家务事都要她帮着操持，却毫无地位。外公让我的三个舅舅多少读过点书，母亲却一辈子不识字。族里有什么祭祠，母亲自小不许进祠堂。

成了楼家最小媳妇后，脏活累活也都留给她。从某种角度，母亲更像女佣。也有嫂子看不起她，叫她乡下人。阿爷病重的最后时刻，大小便已失禁，一脚盆一脚盆的脏床单、龌龊衣裤都由她端到河滩上去洗。那时，她已怀上了我六七个月。隔壁一个叫"阿德姆妈"的外婆看她挺着肚子还这样累，在我阿娘面前抱不平："两个大媳妇，你也可差（遣）差（遣）的。阿菊总是落水，对肚皮里小人不好的。"

我出生在 1946 年农历九月初三，阿爷故世不久。隔壁外婆说得没错，我出生后一直很孱弱。阿娘说我是"头发丝吊元宝"。称我是"元宝"，可见阿娘的喜欢。但由"头发丝"吊着，却有命悬一丝的感觉。

对这个世界的恐惧与惊慌，于我仿佛与生俱来。婴孩时，我常常莫名其妙地被"活灵吓出"，灵魂出窍，魂不守舍。母亲举例描绘："你三伯，自己没小人，对你欢喜得很，每次见到，总要引（逗）你。拿一枚小铜锣，这面敲敲，那面敲敲，三伯觉得好玩，你却吓得哇哇大哭，'活灵吓出'了。"

逢此，母亲就叫来隔壁外婆，为我喊"活灵"。隔壁外婆用一张草纸，绷在碗上，另一只碗盛着水，手指在水中沾了沾，往绷在碗上的草纸甩一下，喊一声："耀福活灵回来了哦？"不远处的母亲回答："回来了。"这样反复几次、十几次甚至二十几次，当碗上的草纸湿润后出现某种印痕，隔壁外婆就笑眯眯地说："好了，耀福活灵回来了。"她指着草纸上某条水纹对母亲说："你看，耀福活灵会走得那么远。"母亲也说："真的是。"于是怀抱着我，让我昏昏睡去。

母亲生我之前，我原本还有个姐姐，出生不久就夭折了。为了留住我这枚"头发丝吊的元宝"，阿娘和母亲想了不少办法。比如脖子上套银项圈、挂银锁、耳垂挂金环什么的，意思是把我套住、锁住、挂住。套银项圈的记忆我是有的，左耳穿过金环的小孔我至今也还能触摸。

生逢乱世，我也命该多舛。套着银项圈，好几回我还是差点丢掉小命。1949 年，共产党的军队攻打上海，先在城市四周郊区开战。战火蔓延到我们家周边时，听得见子弹飞来飞去的声音，阿娘吓得躲在八仙桌下，桌上蒙着棉被。因为我是楼家的宝贝孙子，阿娘让母亲带着我和1948年出生的弟弟逃难到市区东新桥我二伯父家。

我父亲那时在轮船上当水手，长年漂泊在外。母亲一手牵着我，一手抱着还不怎么会走路的弟弟仓皇奔逃。上轮渡的一刹那，因为拥挤，看不清脚下，一脚踩空，母子三人全坠入黄浦江中。

寒冷的江水中，母亲一开始还紧紧抓着我，三个人迅速下沉，她挣扎着下意识地松开我。她和弟弟一下子浮上水面，她听见轮渡上有人在喊："有人落水，有人落水了！"有船员下水救起她和弟弟。上了船，她第一句话："我还有一个儿子呢？"船员说已经救上来了。她才放心地松了口气。那时我已浑身透湿地躺在甲板上。原来，母亲松开我手的那一刻，我也浮了上来。她说："你那天穿一件红颜色绒线衫，船夫说很醒目的。"

我一点没有记忆，但那时的兵荒马乱，平民百姓仓皇出逃的状况可以想象。母亲还说，我左耳的那个金耳环，也是在一次逃难中丢失的。那时她抱着我，到目的地后，见我左耳有血痕，再一看，耳环在混乱中被人掳走了。

我还有一次差点丢了小命。9岁那年，我刚戴红领巾。老师说："现在是光荣的少先队员了，你们要时刻牢记。从今天起，每人每天要做一件好事。"我从小就是个听话的孩子，回家后我就想着该做一件什么好事。

我们的住房，原来是"源记酱园"的。外间原先是客堂，里间原先是账房，无卫生间、盥洗室之类设施。账房成了我们家卧室，放两张床，其中一张睡我们兄弟仨，角落放马桶，夜里小便用痰盂罐。倒马桶和痰盂，每天是母亲的事。这天清晨，我想我要做一件好事，我想到了去倒痰盂。

我悄悄起床，穿衣，端着盛满便尿的痰盂往河滩走。河滩的水桥一级级由高低不平的石块铺设。走到临水一级，不料脚踏的那块石级没有搁平，一个晃动，我连人带尿盆栽入水中。我在水中挣扎，依稀听得见对岸有人喊："有小孩落水了，有小孩落水了！"

这喊声，母亲也听见了。她起身不见床上有我，想起前一晚我仿佛对她说过要每天做一件好事，第二天家里的痰盂由我来倒。她外衣都没披，就向河滩疯奔。我正挣扎着外浮，离岸有两三米左右，母亲只看得见我头顶一绺黑发。她冲向水，一把拽住了我。后来她告诉我，对面喊话的是港区码头刚下班的夜班工人，手里还拿着杠棒和饭盒。

我从小多病柔弱，长得矮小，木讷，还有点口吃。因为眼睛大，有个绰号"大眼睛"。我四伯父原先住在肇家浜，我小时候去时，臭水浜还没填掉。后来，四伯父迁来"酒作坊"，住在阿娘卧室隔壁。四伯父家有个比我小一岁的堂弟福昌，长得白白胖胖。四伯母很为福昌骄傲，说我一点也没用，"'大眼睛'大起来连'老绒'（宁波话，老婆的意思）也讨勿着"。听四伯母这么说，我怯怯地躲缩在一角，一点抗辩的能力也没有。说话说不过别人，打架更不是别人对手，走路也靠在最旁边。我的软弱无用可想而知。

小时候，我唯一就是书读得好。

母亲目不识丁，上世纪50年代初，她参加扫盲班，五六岁的我每天跟着去夜校。扫盲运动结束，母亲算是会歪歪扭扭地写自己名字，别的字却仍不识，而像尾巴那样跟着的我却认了许多字。

1953年，报名读书的时候，附近有所泥墙圈小学。沿张家浜路往东穿过浦东南路就是胡家木桥泥墙圈，周边都是田野，有点落乡。在泥墙圈小学就读的，以本地居民和农家子弟为多。

报名时，招生老师问我出生年月，母亲实话实说：1946年9月。老师摇摇头："要实足7周岁才能报名，楼耀福还没到读书年龄。"母亲愣愣地看着老师，说我已经能认很多字，还会算术。招生老师仍是铁板一块，丝毫不为所动。

母亲怏怏回家，想起附近另一所位于老白渡的大庆街小学，梢远，家长大多来自苏北，入学孩子的家境比泥墙圈本地人更贫困。校址是原来的一座小庙。那时，居民户口簿还没颁发。当招生老师再问我出生年月时，母亲脱口而出："1946年2月。"就这样，我很顺利地成了大庆街小学一年级2班的学生。

母亲一直教我们不要说谎，但这次，她说谎了。我记忆中，想不起母亲是否有过第二次谎话。母亲说谎有她道理，因为我上过扫盲班，这种难得的"学龄前教育"，本就是资源，她觉得浪费了，可惜。

我入学成功，在邻里间传开，邻居中与我年龄相仿的也纷纷去大庆街小学报名读书,其中有比我小一岁、长得却比我高的堂弟福昌。

一进小学,除体育、音乐外,我各门功课都比别的同学优秀。刚读完一年级,福昌就为我在班主任蒋老师面前打抱不平:"楼耀福可以跳级的。"蒋老师除了教语文算术外还教体育。她点点头说:"可以跳级的,只是楼耀福长得太矮小,跳了级,在班里岂不更矮小,况且他体育勉强刚及格。"福昌这才无语。

蒋老师说得没错,老白渡一带穷人多,许多孩子过了入学年龄两三年才有读书机会。我在班里坐第一排,而坐在最后一排的同学要比我大两三岁。

三年级的时候,大庆街小学并入新建的浦东南路小学。贫困家庭的学生也因此更多。我之前的学费每学期减免一半。三年级的时候,学校只同意我减免四分之一,学校的补助那时已是僧多粥少。我像是受了欺侮似的躲在学校走廊的角落里哭。老师知道后,问我怎么了。我嘟嘟囔囔的说不清,只从嘴里吐出一句话:"我想不读书了。"

我知道家里困境,一次次目睹母亲常常为这个多子女家庭的生计犯愁。三年级的王老师戴一副白边眼镜,斯斯文文,听明白我的意思后,摸着我头:"你不读书,可惜了。这样吧,今天放学,我到你家里去一次。"

那晚,母亲听老师说了很久,最后缓缓点头。老师走后,她把我叫来,要我继续好好读书,不许七想八想。

那一年,家里又添了个妹妹,父亲工资还只有四十来元。1949年以后,父亲一度失业,后来经人介绍到黄浦区消费合作社当营业员。父亲因为结婚前是家里老小，养成了他凡事都不怎么费心思的性格。每月5日发工资，留下自己伙食费、香烟、车费等零用钱，交给母亲也就三十来元。有时给少了，母亲会嘀咕数落我父亲一夜，伴着她无奈的唉声叹气。

除了省吃俭用，母亲开始去塘桥浦建路的蔬菜批发市场。每天傍晚，十几斤、几十斤地从市场批来，第二天清晨挑到张家浜路的拐角处卖给居民。那时没有城管，拐角处的茶馆附近自然形成一个小小菜市场，允许自由设摊。因为离上学时间还早，我算术好，常常跟在母亲旁边收找零钱。买进卖出的几分钱差价成了我们家补贴开销的收入。

我不知道我没有减免掉的学费是否来源自这笔收入。我只清楚地记得，有一天早晨，母亲特别高兴。一个中年男子走到摊前，问我母亲剩下的两大篮菜还有多少，母亲说了个数字。中年男子说："我全包了，不过你要送到我厂里。"

母亲顷刻笑容灿烂，赶紧说："好，好的。"那男子是附近毛巾厂食堂的采购员。母亲挑着菜担，扁担一颤一颤的发着声响，我屁颠屁颠地跟随在后，发觉扁担有时也会唱歌的。

家里后来又多了"增收"的活计，父亲把商店原本外发的一些加工物品揽回家做，比如糊纸袋、粘火柴盒等。那是一种很廉价的劳动，糊几十只纸袋才一分钱，调制浆糊、裁纸、粘合……要忙碌大半夜。其中的主力当然是母亲，我和弟弟做完功课也趴在"源记酱园"留下的那张长方桌上相帮。

那长方桌，是张民国柚木大餐桌，带点海派西洋味，四条圆形桌腿上下粗细不一，还有束腰，桌腿与桌面的连接处是四方形的，靠外侧的雕有花纹。我记不清那长方桌是什么时候消失的，我只记得房间里原先的两张床变成了三张床。也许正是这时，因为房间本不宽舒，放不下那桌子了，就处理掉了。

多一张床，是因为家里又添了个妹妹。邻居有户李姓人家，前面生五个男孩，第六个是女孩，李家父母高兴地把女孩称"六宝"。我妈生下的这个妹妹排行也是老六，母亲唉声叹气："别人家是'六宝'，你在我们家就是'六多'啊！"

1958年"大跃进"，说要"赶超"英国，妇女要顶半边天，要"解放"妇女，号召妇女走出家庭。母亲没么高的觉悟，只是简单地想，她可以有份工作，有点收入了。尽管每天才八角工钱，但至少可以让家里的负担减轻些。那时，家里已有三个背书包的读书郎，要让孩子有书读的想法，母亲一直很清晰很坚定。

这种按天计薪的临时工，母亲做过绿化工，缝过麻袋，拉过榻车，在码头上像男人一样扛过大包……

做绿化工时，常常东奔西走，浦东的金丝娘亭、六里桥、三林塘……浦西最远到过北新泾。路近的，为省公交车费，她都步行。路远的，她要计算公交车花五分钱、一角钱可以乘多少站，一定要乘足，余下的一站两站，她还是走路。

在油粮仓库缝麻袋，母亲做的时间最长。那个单位叫麻袋加工场，归里弄管。油粮仓库在59弄2号，民国时候就存在了，因为靠近黄浦江，图个装货卸货的方便。小时候，我看工人装卸货物，从船上背一大麻袋货物上岸，管理员从木笼里抽出根竹签，递给背夫。竹签一头涂抹着红的或绿的各种不同颜色，以区别不同货物。到了仓库门口，背夫将竹签交给另一管理员。竹签是那时的计数工具。

麻袋加工场在59弄3号。二十来个被"解放"的妇女，用粗针、粗麻线缝补破损的麻袋，麻袋在她们手里翻过来翻过去，扬起一阵阵蓬灰，高窗一年四季关闭着，乌烟瘴气，令人窒息。即使是这样一份工作，这些妇女还要你争我夺。有一回，我听母亲在父亲面前嘀咕："说是要减员，凭啥把我减掉？我家里困难，里弄里都知道。我明天找柴秀娣去。"这个柴秀娣是里弄居委会的，她的儿子与我同班。

为了保住这份工作，刮风下雨，甚至生病发热度，母亲从不请假，也从不磨洋工偷懒。油粮仓库有时几艘货船同时到达，来不及装卸，管事的会让缝补麻袋的妇女去帮忙，妇女们在码头上像男人一样走跳板、扛大包。

有天我放学回家，看见母亲额头隆起有瘀血。母亲说她走跳板上码头，一个跟跄，连货带人栽倒在地，额头血流不止。她说那天她有点热度，脚有点软。她看看我，也不吃药："呒告额（没事的），我困一觉就好的。"我从小就觉得母亲很吃硬。

母亲后来又摔过一跤，也是在粮油仓库的码头上。那一次是她从仓库往船上装货。两条长长的木跳板从岸上沿河滩的斜坡铺到码头，母亲推着二轮小车，车上装了两大麻袋货物。从上往下的斜坡上，车轮的转动越来越快，母亲握着车把脚步也越来越快，最后不得不奔起来。小推车的加速度，终于让母亲拽不住，冲到码头的一刹那，她不得不松开把手，小车连货栽入河中，母亲也跌了个合扑，又是不轻的一跤……

母亲年轻时，跌倒再站起，即使头破血流鼻青眼肿，她总是说"呒告额"。可耄耋之年的她，再也跌不起，比如2007年这一跤。

第二天一早，我急急从嘉定赶到浦东仁济医院。

"年纪大了，这一跤是致命的。"主任医生叫我到他办公室，对我实话实说。我听懂了他的某些暗示。他让我选择。我没有半点含糊："这个母亲，我要的。哪怕有一丝希望，我决不放弃。费用你们不必考虑，真正不行，我卖房卖车。"

主任医生似乎有点感动，看着我，久久紧握我手："我懂了。我们尽全力。"

对母亲的回忆纷至沓来，许多事情现在无法想象。比如，母亲去北新泾等远处做绿化，那么多个小孩，老大老二老三念书去了，老四老五老六在家怎么过？作为长子的我，除了读书，别的又都很无能。后来里弄办起大食堂，也许正是为解决妇女被"解放"后，许多家庭面临的如此困境。

大食堂也欺侮过我。有天中午，母亲回来照料孩子们吃饭，给我一个大钢精锅，吩咐我去大食堂打粥。待我排队到窗口，前面的一位盛了一锅又厚又稠的粥，笑嘻嘻走了。轮到我时，那大妈突然拎来一大桶热开水，倒入粥中，然后再用勺子在粥桶中淘几下。盛入我锅中的分明一半是水一半是粥，稀释了许多。我不会争吵，只得委屈地端着这锅清汤寡水的粥回家。母亲见我流泪，知道经过后，叹了口气。许多年后，母亲还拿此事说我：

"小辰光真是一点没用，只会哭。"

那锅薄粥，一家人喝得精光。最后刮锅底的声音听着尖厉，却一辈子回旋在耳。喝完粥，那粘在碗底的一点汁液，我们都会伸着舌头舔得一丝不留。

粮食是计划供应的。怕不够开销，每月5日父亲发工资后，母亲第一件事就叫我们兄弟三人，与她一起去米店把全家一个月的口粮全买好。全月的口粮买好后，母亲心安许多。即使到后来家里无法开销，母亲至多也是向邻舍借几角买菜钱。有时候，她快快地走到邻居处，一时难启齿，好心的就会主动问："阿菊，又有难处了？要借多少啊？"母亲怯怯地说了个数字，邻居就把几角钱塞在她手里，让她买菜买油盐。也有明知母亲来借钱的，故意斜着眼睛："喔唷，今天啥风把你吹来的？"每逢此时，母亲就再不开口，默默离开。

母亲有时也有较大数额的需求，比如几个孩子开学时的书簿费和没有减免掉的学费。那时她就会发起或参加邻里间一种叫"标会"的活动。"标会"实际上是一种变相的高利贷。参加的成员比如有12位，按规定每月每户出5元，那么最急需的往往要出最高的利息。出多少，则是每户写在纸条上，事先别人都不知道。开包时按出息高低排列取款先后。母亲在那时实际上已被民间的融资方式盘剥。当然，于她也是无奈。

捉襟见肘时，母亲也向亲戚借过钱。1965年9月，我离家去嘉定工厂当学徒，第一次领了津贴17元8角4分。我交给母亲5元贴补家用。母亲拿了这5元钱，摆渡过黄浦江，从董家渡沿着外马路、外滩、外白渡桥，一直走到虹口海宁路我大舅舅家还钱。"耀福领工钿了。"她向胞弟诉说喜悦。大舅捏着这张五元面额的纸币,不知说什么。许多年以后,他对我说起此事,很感慨:"你姆妈做人硬气的。"

1960 至 1962 年,百姓几乎都在挨饿。我们家也吃菜皮、豆渣、胡萝卜,还有一种叫"光荣菜"的花菜叶子。菜皮是我们兄弟放学后去塘桥蔬菜批发市场捡的。我还记得我初中的植物课老师还用树叶研制"人造肉"让师生品尝。上午第三第四节课时,好几次我饿得要昏过去,老师就让我到医务室喝杯糖开水。我正在发育期,没有吃,身体也当然发不出来。初中毕业那年,我身高 143 厘米,体重 65 斤,同学都叫我"矮子"。一直至 1964 年我念高二时,个子才突然蹿高,但"矮子"的绰号一直被叫到高中毕业。

1961 年,我们家又添了个妹妹:七多。为了省给儿女们吃,母亲默默忍受饥饿。没有奶水,不满周岁的七多面黄肌瘦,无精打采,总是啼哭,时有惊搐。母亲抱着她,挤不出奶水,便嘟囔:"你来这个世界做啥?七多,真是多头啊!"隔壁外婆关心地过来看看,不免怜悯,嘴里念着"阿弥陀佛",连说"阿菊作孽"。她见七多肌肤萎黄无光泽,头发稀落焦枯,告诉母亲:"莫非是生奶痨了?"

母亲顿时惊呆。奶痨如不治愈,会危及生命,七多毕竟是自己骨肉。

我看到命若悬丝的小妹妹,想到自己婴孩时,为留住我,奶奶、父母还买银项圈等吉祥物。现在,妹妹的脖子也应挂个项圈啊。可是为生计,母亲早已将它三钿勿值两钿卖掉了。

我已念初三,喜欢看有文字的任何印刷品,一天在晚报的角落突然看到一条消息:南市老北门有诊所专治婴孩奶痨。

这无疑是一丝希望。星期天早晨,我和母亲抱着七多,摆渡过江,乘65路再换乘11路。母亲平时舍不得乘车,这天她担心去晚了挂不上号。果然到了那里,排队求医的围着诊所在马路上绕了一大圈,我们挂号后拿到的牌子已是80多号,后面还有病者络绎不绝。我吃惊,像七多那样因为营养不良而得此种痨病的竟这么多。

随着求医队伍缓缓前行,我们进了诊所。那是间百余平方的街面房,我好奇地张望,除了几面"妙手回春"的锦旗外,墙上更多的是全国各地患者的病例,医疗前后照片的对比,那一个个婴孩头大颈细、目呆神疲,着实让人看了寒心。

两个医生,一个动手术,一个负责包扎开处方。终于轮到七多了,医生看了看她的手掌心,确诊得了奶痨,于是用消毒过的手术刀,在小手靠拇指处的突出部位轻轻一划,剖开一厘米左右的口子。我看见有黄白色的如同鱼籽般的颗粒露出。医生小心地用钳子夹出,取净颗粒,然后在伤口敷药,用纱布从手心到手背绕几圈包扎。一只手结束,再割另一只手,不过几分钟的时间。

手术完毕,我拿着医生开的处方去隔壁中药房取药。那是两大瓶黑褐色粉剂,医嘱每天一匙。

也许这药太苦,每次服用,七多总要啼哭挣扎。好几次母亲捏着她鼻子强灌,一边灌,一边怨:"早知道你不肯吃,病也不去看了。花了钱,看病,配药,你不吃也得吃。"

一个初夏夜晚,我坐在院子里看母亲把一瓶药的最后一匙灌进七多的小嘴,七多蹬着腿啼哭挣扎,把药连唾液全吐了出来,一副惨相。母亲心被撕裂了:"七多,你来这世上做啥?"也许不忍心再看到女儿如此生不如死的模样,母亲没再开第二瓶药。

令人惊奇的是,七多居然慢慢痊愈了。母亲晚年回忆此事,就对我小妹妹说:"你小辰光叫七多,多头啊。你这条小命是大阿哥帮着捡回来的。"众人哈哈笑一阵,那时的苦难和困窘倒反而有些遗忘了。

七多是家里老小,六位兄姐成家立业后,相继离家。她一直与父母同住。59弄酒作坊拆迁后,她又随父母去花木。

花木、北蔡一带,我小时候去过,那时很偏僻。有一年暑假,我和二弟每人养一只鹅,我们去过那里割草,给鹅当饲料。一过暑假,鹅长大了,母亲就带到张家浜小集市上卖掉,所得收入作为开学时的书簿费。

时过境迁。浦东开发后,花木、北蔡也都高楼林立,热闹了许多。购置动迁房时,小妹提出了两个方案:一,拿两套小房,父母住底楼,他们住二楼,可分可合;二,拿一套大房,与父母同住底楼。我斟酌一下,父母那时年已八旬,单独住总有让我不放心之处,同意了第二种方案。

2004年父亲去世后,妹妹上班去了,母亲常常一个人留在家里,寂寞。她经常念叨:"妈现在什么都好,就是少了你爸不好。"我去看望母亲,也只是陪她说说话。有时小妹向我告状,说母亲闲不住,"冬天,见太阳好,帮我们晒被子,被子甩上晾竿时,一用力,扑了个空,她连被子带人摔在地上,幸亏被邻居看到扶起,才无大碍。"

我啧啧地责怪母亲:"年纪大了,有些事你不要太起劲。"

母亲憨厚地笑笑。我想她这是劳碌了一辈子,歇着也难受。

晚年的她患过一次脑梗,那是在1997年,她跟着父亲,从十六铺乘坐海轮去宁波,买的是没有固定睡位的那种统铺票。海轮刚驶出吴淞口,忽闻台风将至,不得不临时避风。这一避就两天两夜。原本睡一夜就可到达宁波的,却折腾了近三个昼夜。一到宁波,母亲有点不舒服。匆匆回沪后就入东方医院治疗。

一向健硕的母亲突然住院,我丢掉一切事务,直奔浦东。那时我学会开车不久,心急慌忙,临到医院,那辆白色广州标致卡式车的前保险架都被碰落。

我责怪母亲:"到乡下去为什么不说一声?我可以陪你去的。"母亲有点呆滞地笑笑:"你忙。请假要扣工钿。"我又责怪小妹:"为啥不告诉我,为啥不给爸妈买三等舱?"小妹一脸无辜:"我知道的时候,爸妈的船票已经买好了。"

那次脑梗治愈后,母亲的反应有点滞缓。我定期给母亲送一种叫"脑尔康"的药。母亲每每知道我去,总是早早地等在弄堂口。吃过午饭,她又老催着我:"远远的,路上要挤,你早点回去。到家了,打个电话给我,好让我放心。"我年过耳顺,在她眼里依然是个孩子。

小妹还向我告过一状。

那天她从母亲房里拎出一只沉甸甸的蛇皮袋,笑嘻嘻地扔在我面前:"大阿哥,你看看,老娘在做啥?"

我打开，惊呆了，满满一袋纳过的鞋底，大大小小足有二十来双。

小妹责怪母亲："老娘吃饱了呒啥做，就纳鞋底。现在，都穿皮鞋、运动鞋，有啥人再穿布底鞋？扔掉扔掉！"

我瞪了她一眼："不许乱说！"她这才住口。

母亲喃喃地辩解："我每年给你们做棉鞋，我纳鞋底总有纳不动的一天。乘我还纳得动，我多做点。"

我一阵感动。我一双双地抚摸，那密密麻麻的针脚，倾注的都是母亲对子孙们的爱。可是，小妹没领悟。

每年入冬之前，母亲总要给儿孙们做棉鞋，先是蚌壳式的，后来又改为系带式。她把我们家三双棉鞋交给我时，说："天冷，你和阿芬坐在写字台前要写字，楼近宇要做功课，家里穿穿，暖和些。"

我小时候看过母亲纳制鞋底，先是用零碎的布料，一块块拼合着用浆糊粘在木板上，晾晒干，再一层层重叠着，按大小鞋样裁剪，再用粗线一针一针往返穿纳，很费时。鞋底厚，每穿一针，即使用顶针箍，都要用力。这满满的一袋，我不知母亲耗了多少时间和气力。

握着母亲像树根一样粗糙的手，我心疼。我担心这一袋鞋底有一天真的会被我那读书不多的小妹扔掉，临别，我拿了一双。这双鞋底从此成了我的收藏品，比我收藏的黄花梨木器、清三代瓷器更珍贵。

妹妹他们上班的上班，上学的上学，母亲很寂寞。2006年，我正式办妥退休手续,接她到嘉定住。

我天天为她煮菜烧饭。一天,我买了一条浏河港口来的新鲜带鱼,她问我多少钱,我说了个数字。她说:"耀福现在派头大唻!"

我说:"买点吃的,钞票用勿光。"

她说:"用勿光?拿点给我用。"

"你要多少?"待我真的把钱给她,她又说:"姆妈钞票有,你们开销大,自己用。"说这些话的时候,她满是皱纹的脸上堆着满足的笑容。

母亲与殷慧芬相处很好。当年我和殷慧芬结婚时,是在59弄"酒作坊"院子里办的酒水。母亲见我把既漂亮又聪明的殷慧芬领进家来,满心喜欢,骄傲地逢人就说:"耀福小辰光,人家讲伊呒没用,'老绒'也讨勿着,现在,咋话(宁波话,怎么说的意思)啊?"很有点扬眉吐气的样子。

她俩相处,不乏有趣。早些年,我曾在翻砂车间做苦工,母亲知我自幼体格柔弱,不放心,打电话到厂里问我还行吗。有时找不到我,电话就打给殷慧芬。接电话的同事问母亲:"侬是啥人?"母亲一口实骨挺硬宁波话:"我是'及拉婆'(她的婆婆)。"同事被折腾半天,总算明白她找的是殷慧芬,咯咯笑着对殷慧芬说:"是楼耀福的姆妈,'及拉婆及拉婆',像讲外国话。"车间同事一阵哄笑。

著有五百余万字的女作家与她不识字的婆婆十分投缘。殷慧芬每天为她去买早点,小笼馒头、菜肉包子都是她喜欢吃的。有一天,她要跟殷慧芬去点心店,走到一半,觉得累,说走不动了。殷慧芬说:"那你站在原地别动,千万别动。我买了点心回来,要是找不到你,耀福要把我骂死的。"她果然很乖地在原地等她的儿媳。

我们家在底层,阳光好,进出方便,婆媳关系又融洽,她说:"住你们家,我欢喜的。"可是住了一星期,她突然说要回浦东了。

我困惑地望着她:"你不是欢喜住这里吗?"

她说:"你们要写字。我来几天,你们都围着我,字也不写了。"

在母亲眼里,作家写文章写书与小学生做作业是一码事,都称"写字",都在做"功课"。她不愿意因为她,耽误了我们"功课"。还有个原因,离开了长年习惯了的环境,她再舒适也多少有些生分。我拗不过她,无奈送她回浦东。

2007年,我本想过了酷暑,秋高气爽的时候再接母亲来嘉定住,没想到她跌一跤,在医院一躺就近七个月。

七个月里,子女们轮流守夜。这也许是她此生获得的最大报答。在重症监护室的几天,长孙楼近宇也来陪伴她。祖孙情深,楼近宇在澳洲留学打工时,第一次回国探亲,就给他阿爷阿娘带来一床澳洲纯羊毛被。老人笑得合不拢嘴,逢人就说:"我现在享孙子福了。"楼近宇回国后,在一家全球著名企业中国分部工作,他说再忙也要在医院陪陪阿娘。

七个月里,医院竭尽所能,终还是回天无力。2008年3月1日,母亲去世。我趴在她身上,悲恸大哭。母子从此天人两隔,我从未有过的失态。

我去医院结账，费用近 7 万元。

整理母亲遗物时，柜子里儿女们给她买的新衣，她都没舍得穿。有一年初冬，她说肩痛，我得知后给她买了只紫绛色的羽绒护肩，叮嘱她夜里戴着它，可防枕头风。她也没用过一次。母亲的节俭一直伴到她生命的终点。

让我惊讶的是，她存款和现金的数字居然也是 7 万元。

看到这个数字，我泪涌不止。这 7 万元，她原本是想留给七个子女每人一万。正好储满，她就合上疲惫的双眼，找我父亲去了。

冥冥之中，是宿命，是我们无法读解的生命密码。

"低徊愧人子，不敢叹风尘。"向母亲遗体告别那天，我长跪不起。对着灵柩中的母亲，我哽咽着祈祷："都说有天堂，你不入天堂，还有谁能入天堂？下辈子我们还做母子，我宁愿跟着你受穷挨饿过苦日子，宁愿跟着你再去捡菜皮……"

2018 年 3 月

旧雨寄愁

土布上的乡愁

王安忆和她姐姐安诺来嘉定,茶叙之间,殷慧芬送她俩一人一块老土布,小格子花纹,一块色深一块色浅,都很好看。安诺、安忆很开心。安忆说,上次王小鹰在嘉定买了块格子土布,后来她去做了件衣裳,做工要900块。我说,怎么那么贵?王小鹰大概太考究,殷慧芬叫嘉定土裁缝做,百把块就够了,做得也蛮好。我从柜子里取出其中一件,在身上比画着:"我还穿着它周游世界呢!"安诺说:"拉链用红颜色,蛮跳额。好看。"

王安忆说王小鹰买土布,是在2014年元旦。那天我们陪安忆夫妇、王周生夫妇和王小鹰逛街。州桥一家门面很小的旧货店让女作家们驻足停留。小店门口摊放着不少从嘉定乡下收来的老土布,她们挑拣着买了好几匹。每匹长二十余尺,才卖几十元。我在江南一些景点见过今人在织机前新织的土布,所用棉纱已全非昔日农妇手工摇纺,质地也远不如老土布紧致细密,价格却以尺论,很贵。

嘉定织布自古有名,明代王鏊《姑苏志》有记:"木棉布,诸县皆有之,而嘉定、常熟为盛。"元代元贞年,黄道婆从崖州回江南,"嘉定尽得其弹弓、纺车、踏机、掷梭之法",黄渡等地的织布"坚致而利用",名噪一时。

嘉定纺织的繁荣,与地理位置襟江滨海,地高土沙,宜棉花生长也密切相关。"嘉邑之男，以棉花为生。嘉邑之女，以棉布为务。棉花以始之，成布以终之"。明代永乐年，江南巡抚周忱"以邑不产米，家习纺织，奏请民输布一匹，准米一石"，使嘉定受其惠，得以减缴田赋十万七千多石米粮。明清时期，嘉定的飞花布"以染浅色，鲜妍可爱，他处不及"，丁娘子布"纱细工良"，扣布"光洁而厚"，斜纹布"斜纹间织如水浪胜子，精者每匹值至一两，匀细坚洁，望之如绒"，还有紫花布、茶花布、高丽布等，品种达二十余种。

大约在 20 世纪五六十年代，嘉定乡下许多农家仍有织布机，女子大多会织布。殷慧芬前些年写过一篇散文，其中有一段：

> 天也已经擦黑了。师母点亮了油灯，又打开了织布机，织起了农家土布。墙头上晃动着师母摇曳的身姿，光影浮动，有时候竟占据了整整一堵墙。凝望着油灯橘红色的火苗，满满一屋金色的光亮犹如师母脚下的布机声，绵绵不绝涓涓细流……

随着城市化的不断扩张，乡村的土地被征用，耳熟能详几百年的古镇地名被改为"工业区""新区"，农舍被动迁至名称洋里洋气的"新家园"，殷慧芬笔下的这种景象就再见不到了。

我和殷慧芬常在嘉定老街逛走，有时见到老土布整捆地堆在旧货摊上，甚至连当年捆扎的纱绳都原封不动，布的色泽鲜艳如初。摊主告诉我，这些原本都是乡村姑娘做新娘时压箱底的嫁妆。每每见之，我们一次次解囊，一匹匹往家搬。之后做衬衣、

2014年元旦，王安忆等在嘉定买土布

外套、裙子，外出旅游时，常常一件件替换着招摇过市，博得异国他乡人的眼球。有一次，在日月潭，一位台湾女子长久地打量着殷慧芬一身土布衣衫，忍不住夸奖：真好看。

乡下人不再稀罕的、"三钿勿值两钿"急着要卖脱的老土布，城里文化人却喜欢。我在书法家张森家里看到过他用老土布做的西装。我的一些年轻朋友把老土布亲切地称为"民国布"，也许是对上世纪30年代的一种怀念和追忆。去奥地利旅游时，来自江苏锦溪的一位80后导游一身"民国布"的衣衫博得了阿姨们一阵喝彩，连连夸赞他的新潮。

我一个朋友的儿子最近谈婚论嫁，殷慧芬问她未来的儿媳长得怎么样，能不能发一张照片来让我们"先睹为快"？朋友发图片来了，好一个准新娘，穿一身深蓝条纹老土布做的旗袍，婀娜有致，手持绢扇半遮脸，还真有几分民国大家闺秀范呢！老土布时装中的青春气息，既是时尚与传统的交会，更是时空的穿越。透过土布纤维散发的活力，挡也挡不住。

老土布还可以做沙发套、提包、书套……我还喜欢在我收藏的老家具上用土布做铺设，享受一种悠远古朴的气息。

有一次，马陆有识之士在村里办"土布时装秀"，还特意向我们借了好几件土布衫。听说那次"时装秀"很成功。我在为他们高兴的同时有点纳闷：土布本在乡下农村，现在怎么反过来向城里人借了呢？

老土布还是馈赠友人的珍贵礼物。王周生说，她送土布给外国朋友，老外听说是过去农村妇女手工织的，很激动呢。李章告诉我，王安忆也用土布作为礼物馈赠朋友，比如马来西亚华人文化协会总会长、作家戴小华。让我特别感慨的是，2014年5月，王安忆应"余光中人文讲座"邀请，去台湾演讲，送给余光中的也是她在嘉定州桥买的乡下老土布。

余光中的一首《乡愁》脍炙人口：

小时候，
乡愁是一枚小小的邮票，
我在这头，
母亲在那头。

长大后，
乡愁是一张窄窄的船票，
我在这头，
新娘在那头。
……

余光中手捧王安忆从大陆带给他的农村手工织布，我不知道诗人心头涌起的又是一种怎样的乡愁。

2017年3月

关于土布的新故事

一篇《土布上的乡愁》,发布后阅读人次不少,百余微友转发分享,几十位微友收藏此文,尤为可贵的是许多相识或不相识的朋友不吝笔墨,纷纷留言。

作家马尚龙说:"土布留给更有鉴赏力且更喜欢穿在身上的人,好文章则是要让更多人分享……"

漆艺收藏家刘国斌说:"下次去嘉定,一定要请殷老师楼老师陪我去买土布。做台布应该是最合适的了,也许更能衬托出大漆茶盘的华丽。"

武夷山茶友徐谦说:"我们中国老百姓的心灵世界,如土布的质地色彩一般淳厚本朴,从这些物件上,能感受到浓浓的家园乡土气息。"

微信名"九峰孤烟"的说:"千百年来的寻常之物,如今已是藏家珍品。时代的变迁,于个体经历而言,莫过于眼中的乡愁亦与时俱进,最后统统归结到笔下的乡愁。乡愁,不应是一纸回忆,而应该是一根木,一片瓦,一块布。"

反响最热烈的当数嘉定朋友。马陆年轻的费奶奶说她做新娘时,有三箱土布做嫁妆,原先不当回事,现在要找出来,去做衣服派用场。

文中提及的穿土布旗袍90后美女照片的提供者俞敏补充告

诉我,那块土布是美妞的曾祖母自己手纺手织的。

一篇《土布上的乡愁》还引发出不少新故事。

2014年元旦在嘉定州桥买土布的文中人物、作家王周生读后专门找出那时买的土布,去找裁缝做裙子和上装。她告诉我,她找的是一位启东裁缝,一开始说土布门面太窄,还不知道能不能做好。成衣后,她又专门请物理学家、她的先生周鲁卫拍了照片发给我,说:"楼耀福,谢谢侬带我们去买土布噢。"显然她太满意土布制作的衣裙。我们的朋友、眼科名医张皙教授看了王周生的照片,忍不住夸赞:"好看,人也好看。"

与王安忆、王周生同时在嘉定州桥买土布的王小鹰因为做了一件上装,上海作家协会副主席汪澜看到了,专门对我说:"老好看的。"也想去买一块土布,然后找个铺子做件衣裳……她还专门说"自己去淘的感觉不一样"。

几天之后,上海作协在嘉定召开理事会。会议结束,我问汪澜:"土布还去淘吗?"她兴致勃勃:"去啊!"

在州桥小店门口,汪澜拿着一块块土布在自己身上比画,满面笑容,开心的样子让我觉得在这一刻她一定是无忧无虑的。

更有趣的是《宣传通讯》的总编王健女士与王安诺是大学同学,互相失去联系多年,看到文中有我们陪王安诺、王安忆的照片,迅速通过上海作协副主席王伟先生联系到我们,找到了与安诺的联系方式。

我的好朋友、中国竹工艺大师徐秉言在常州也看到了这篇文章,他说他要用土布做竹刻作品的包装。4月21日,嘉定举办"'匠心意造'当代竹刻名家精品邀请展",徐秉言是中国当代竹刻艺术的领军人物,应邀来嘉定。他专门来电说:"如果你在嘉定,带我去看看土布。"我恰好出门在浙江余杭径山访茶,接到电话,我说:"展览的主办方如果没有安排你们留宿,那我来安排,我提早一天赶回嘉定,明天陪你去淘土布。"

第二天一早我赶到他下榻的酒店,他给我看他的浅刻臂搁,用的是蓝印花布包装,他说他觉得稍为花俏,还不够质朴,如果有一色的、没有任何纹饰的老土布,更理想。在竹刻上精益求精的大艺术家,在包装上也追求完美。

那天,清一色的土布虽然没有找到,但他还是很开心地买了好几块。尤其是一块龙凤呈祥的蓝印花布,巧的是与殷慧芬那天穿的一模一样图案,他说他也要给夫人做一件,做好了再一起合个影。

州桥那几家旧货店的老板,看到我都笑逐颜开,我的文章热传,让他们土布销价几乎翻了一倍。

有人高兴有人愁,不少女士抱怨此文发布后,土布不但涨价,而且好看的格子花纹土布已经很难找到。秋霞圃的王燕是我们好朋友,她也这么说。幸亏我们稍有存货,殷慧芬知道了,送了她一块。她后来做了件很好看的旗袍,专门发来图片。图片上的王燕很开心。

十七年前专门采访过殷慧芬的嘉定电台的俞慧,年轻时喜欢写诗,土布让她重萌诗心,她说:"土布本身就是一种乡愁,依托的'乡'既已不复存在,水桥根、竹园地、场谷垾统统被连根铲除,乡愁当然无处安放。美则美矣,失落的乡愁,但愿土布不是最后的遗存。"爱美的主播也叹苦买不到好看的土布,专门找到我们家来。重情谊的殷慧芬拿出两块供她挑选,因为两块都很好看,她居然纠结了大半天。

一日,在时尚的荷木嘉园看到前卫的设计师用土布制作的外衣,我很兴奋。一旦传统的布料融入当代艺术的构想,照样可以美轮美奂。

2017 年 4 月

作裙的记忆

还是在嘉定州桥，还是那两家旧货店，汪澜淘了几块条纹土布，买了一块蓝印花布。之后，店老板拿出一条作裙向她推荐，蓝色土布做的，上面束腰浅蓝色，下面裙布深蓝色，最精致的是褶裥部分，少说也有六七十只褶裥。她比画着、围着，很有别一般的风味。

汪澜后来叫我们先回家。第二天，我问殷慧芬："那条作裙，不知汪澜买了吗？"殷慧芬说："如果没买，我去买下来。褶盖上面还绣了'五世其昌'四个字。老好看的。"

这个"土布控"说走就走，真的又去州桥老街了。不一会，她买了回来，围在腰上，笑嘻嘻地问我："好看哦？"

"好看好看。"我说。

她解下后，我细看那绣的"五世其昌"四个字，不仅内容大吉大利，而且我更惊讶我们的先人，即使是乡下普通的衣妇，为了做一件好看的作裙，是如此耐心，如此不厌其烦、精益求精而不浮躁。我说："针脚密密匝匝，全手工绣的，啥功夫啊！这可申请非遗的！"

作裙，又称"腰裙"，昔日江南农村和乡镇的男女都穿，一般用蓝布制作，用两幅裙料组成，男式作裙较长，女式较短。女式作裙腰间两侧褶裥上方还缀以线绣的图案或囍字纹、寿字纹、万字纹、回文等，作为装饰。穿时用扎带系在腰部，下摆较大，穿在身上方便劳作。冬天穿，腰带一束，将上衣收紧，可保暖。

女子穿作裙，在农村或小镇过去还可较多看到。"文革"期间的样板戏《沙家浜》中的阿庆嫂腰束的就是这种作裙。

男子穿作裙，其实过去也可看到。小镇上的箍桶匠、篾竹匠常穿着这种作裙做生活。我小时候还看到过男子挑着担子穿街走巷的小铜匠、生铁补锅的工匠，也穿着这样的作裙。年长以后，我就很少见到男人穿作裙了。有一年去苏格兰，看到男人穿裙子，年轻人感到很新奇。我说："我们中国乡村男子过去也有穿裙子的。"年轻人听了有几分惊讶："真的？"他们显然从没见过。我说的裙子，就是作裙。

江浙一带的作家过去在文学作品中也写到过男人穿作裙。夏衍《上海屋檐下》第一幕："黄父是一个十足的乡下人，褪了色的蓝粗布衫，系着作裙。"另一位早逝的中国湖畔诗派代表作家潘漠华在他的短篇小说《乡心》中也写道："他慌慌放去墨斗，解开作裙。"

最让我叹而观止的是作裙中的褶裥。李渔在《闲情偶寄》"衣衫"一节中描述："裙制之精粗，惟视折纹之多寡。折多则行走自如，无缠身碍足之患，折少则往来局促，有拘挛桎梏之形；折多则湘纹易动，无风亦似飘飘，折少则胶柱难移，有态亦同木强。故衣服之料，他或可省，裙幅必不可省。古云：'裙拖八幅湘江水。'幅既有八，则折纹之不少可知。予谓八幅之裙，宜于家常；人前美观，尚须十幅。"

褶多不但便于行走和活动，而且视觉美感也不一般，李渔所

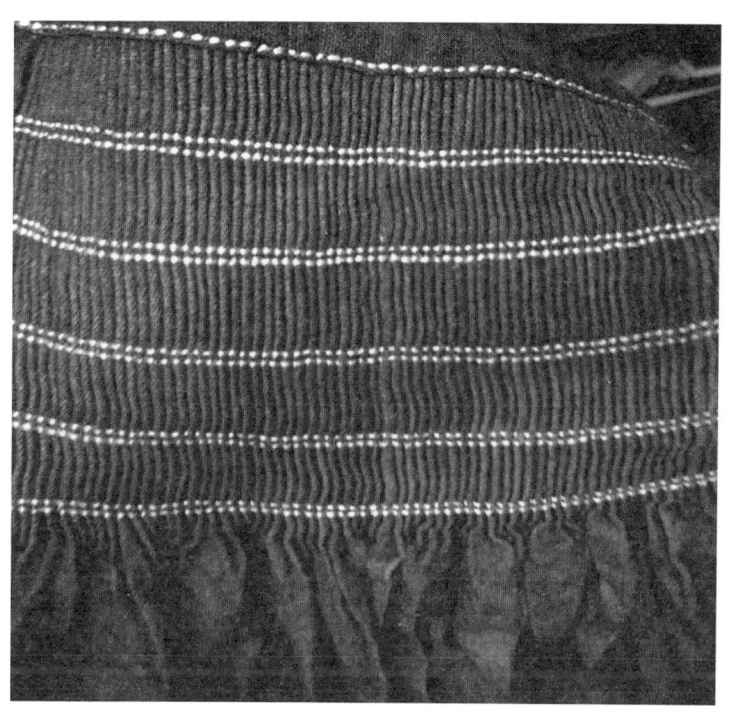

那褶裥之细密,果然了得

谓"裙拖八幅湘江水",行动如水纹,美秀无比。

初春,乍暖还寒,我坐在电脑前写作,想保暖,忽然记得殷慧芬曾经淘得的一条男式作裙,就找出来围着。这一围,让家里的钟点工阿姨居然惊呼起来:"楼老师,侬这条作裙过去是伲乡下头大人家屋里的,地主人家的。"我笑问:"侬哪能晓得?"她的根据就是腰部的褶裥。她说:"侬看,打了多少裥啊,有一百只了。"我解下细看,那褶裥之细密,果然了得,这哪里是一条普通的乡下作裙,这分明是民间的一种精湛艺术啊!从小生长在本地农村的阿姨,在这方面也许比我见识更多。褶裥的多少,既是作裙是否精致的标准之一,也是系作裙的男女身份贵贱的象征。

作裙融合实用和审美的功能,体现了嘉定和江浙一带民间独特的农作生活、人文环境、民俗风情等文化内涵。只可惜包括作裙在内的传统中国乡村服饰文化正在渐行渐远,慢慢消亡。

但美丽总会变换着方式出现。作裙中的褶裥艺术现在正被世界的著名时装设计大师所重视,曾经获得过时装奥斯卡奖的三宅一生,他的"我要褶皱"一度风靡全球,百度上介绍"在1993年3月到1997年3月之间,光是'我要褶皱'的品牌线,就售出了68万件外套"。时装艺术设计中,如何极致地运用各种形式的褶裥,已成为当今时尚舞台的重要表现形式。

美好不会消失,尤其在记忆中。收藏几款旧时精致作裙,正是为了这种美丽的回忆。

2017年4月

追梦蓝印花布

二十多年前一个秋日的午后,我和殷慧芬路过上海长乐路,在一条弄堂里找到一家"中国蓝印花布馆"。那是一幢两层的老房子,外墙浅色的黄已经斑斑驳驳。走进圆形拱门,琳琅满目的蓝印花布顿时扑入我们眼帘,服饰、桌布、垫子、挎包……所有陈列的商品全是蓝白相间的花饰,变幻无穷,房间家居的布置也全是这美丽无比的蓝印花布。我们仿佛置身于蓝色的梦中,这梦,是一种久违的温馨和静谧。我们当即买下喜爱的服饰等,花费在当年已算不菲。走出弄堂,无法掩饰的喜悦之情驱使我们再次抖开服饰,一边走一边欣赏,那蓝色图案与秋阳下路两侧梧桐树金灿灿的黄叶互为交织,美得让人心醉。

创办"中国蓝印花布馆"的是一位叫久保麻纱的日本老人,作家吴泽蕴曾陪着久保去过南通等地,后来写过一篇散文《久保麻纱和中国蓝印花布》,记录和颂扬了老人在中国各地奔走、寻访和建立这家蓝印花布馆的动人经历。久保唤起了华夏儿女对消逝已久的蓝印花布的怀念和憧憬。

以后的日子里,每每游历江南古镇,这摄人心魄的蓝印花布一次次让我们倾倒,在同里在西塘在朱家角,一见店堂里的蓝色纹饰,我们就像听见历史的回响,就会驻足不前,陶醉其间。在乌镇,宏源泰大染坊晾晒场上,十来米高的木架上垂下的蓝印花

蓝印花布馆内的陈设

布呼啦啦在风中飞舞,铺天盖地,像是海浪涌动,惊心动魄。我穿梭其间,享受着这蓝与白的艺术魅力。

在南通,有个叫吴元新的办起了蓝印花布艺术馆,我们知道后专程前去。濠河因她而更加美丽。吴元新收集、收藏的古旧精品让我叹为观止,五福拜寿、龙凤呈祥、凤穿牡丹、吉庆有余、鹿鹤同春、鸳鸯戏荷、鲤鱼跳龙门等美丽图案让我领略了古人对美好生活的憧憬,更让我感叹他们在蓝白之间的丰富想象。我流连忘返。

蓝印花布有蓝底白花和白底蓝花两种,因其"抹灰药而染青"的工艺,又称药斑布。在参观南通蓝印花布艺术馆时,我吃惊地发现"药斑布出嘉定及安亭镇"之说,激动不已,大有"众里寻他千百度,蓦然回首,那人却在灯火阑珊处"的喜悦。

我在嘉定四十余年,这风行江南的蓝印花布工艺竟出自我脚下的这块土地!从南通回来后,我按捺不住地逢人就说,很为嘉定骄傲。一个松江朋友说黄道婆是松江乌泥泾人,蓝印花布怎么可能出自嘉定?我说黄道婆是纺织,蓝印花布是印染,两个概念;黄道婆在元代,药斑布出自宋代,谁先谁后?说得松江友人一时语塞。我查过资料,《古今图书集成》有记载:药斑布在宋嘉定年间,安亭"有归姓者创为之。以布抹灰药而染色、候干、去灰药,则青白相间。有人物、花鸟,作被面、帐帘之用"。明王鏊《姑苏志》中也有相同记载。清代诗人朱彝尊有诗云:"练江风物最牵怀,药布筠筒布满街。"诗中"练江"是嘉定别称,"筠筒"即竹刻笔筒,"药布"即药斑布。诗人笔下的"布满街"是一种何等的盛况啊!

可惜这种骄傲和欣喜并不持久，取而代之的是失望和沮丧，"抹灰药而染青"的蓝印花布在她的起源地几乎绝迹，即使是新品也难觅寸尺！嘉定州桥老街没有，安亭也没有！前不久，我们来到安亭"归氏药斑布"的故里，读到一段相关文字：药斑布"至清朝中后期失传，'文革'期间，安亭老街东街王氏老太（已故）也开过药斑布染坊，但规模很小，后来被取缔"。心中顷刻间有一种被揪的痛，取缔的何止是小染坊！安亭蓝印花布最后的传人消失在动乱年月，安亭蓝印花布也终于在这时被画了一个拙劣的句号，香火从此湮灭。然而，优秀的传统文化和人类对美的向往是永不熄灭的，蓝印花布之树在这里枯萎，却在那里抽枝长叶并盛开妍丽之花，吴元新和久保麻纱已经说明了这一点。

　　蓝印花布，蓝印花布，在消匿许多年的今天，我们终于看见她那如同青花瓷般的美丽将在故乡上空舞动。安亭镇的一纸关于她的非物质文化遗产的申报、嘉定区政协全会上关于她的提案，都让我们充满期待。

　　这不仅仅是梦。

2009 年 2 月

练江风物，药布筠筒布满街

《追梦蓝印花布》一文在《解放日报》刊出后，有一位叫季志冲的老人通过报社联系我，称他知道有关嘉定蓝印花布的旧事。不几日，我约他在秋霞圃茶室晤面。

老人78岁，解放初在公安部门工作，为掌握"敌伪"情况，对当年"敌伪"的资产、居所十分熟悉，记忆也极好。他说蓝印花布的染坊，嶂城规模最大的当数森茂绸布庄，老板朱石麟，地点在今嘉定镇小商品市场，东起博乐路，西至北下塘街，南自东大街，北迄义弄。这一片千余平方，除四五家小店铺外，全归染坊所有。老人说他，5岁的时候就看到晒场上十几米高的染布挂在那里在风中舞动的情景。1937年日寇侵华，东大街、州桥一带破坏严重，嘉定的商业中心转移至西门，但染坊仍在原址。抗战结束后，染坊租给一个叫徐福林的，徐福林扩大了印染范围，除蓝印花布外，还印染其他色泽，直至"文革"前夕。

"你知道这家染坊起始于什么年代？"我问。

老人不假思索地回答："清朝。"

我想起清代诗人朱彝尊的诗句"练江风物最牵怀，药布筠筒布满街"。"药布"即蓝印花布，诗人笔下的"布满街"的盛况是否与这家染坊有关？

老人兴致勃勃地要带我们到现场去看。走出茶室，在丛桂轩附近，他感慨说："秋霞圃的布局真是景中有景，古代当官的文化底蕴深啊！"言语中我们知道这湖塘的形状是一只羊，塘边原来有十二生肖的太湖石。"这里的太湖石当年专家们说是全上海最好的。可惜现在许多已没有了，包括十二生肖。"我问怎么回事，老人苦笑道："'文革'中被敲掉，做三和土，造防空洞、地下靶场去了，'深挖洞'么。"

我心中一阵刺痛，连呼怎么有这等傻事！老人说："傻事多呢！"他说嘉定的古城墙原先很漂亮，他曾不止一次地在城墙上环城而走，城墙上还有钟楼等景点，日寇侵华时，钟被日本人掠夺，运至海面，起狂风，运钟之船沉没，非常神秘。城墙1950年开始拆，是工赈处的一批失业工人拆的，每工8角钱。古代城墙砖之间粘结性极强，很难拆，费九牛二虎之力拆除后大部分砖已损坏，仅剩部分建了一座嘉定人民大礼堂。

"历史上的嘉定远比今日周庄等古镇漂亮。单说廖家（廖寿丰、廖寿恒兄弟进士旧居），其规模及精美，都是周庄沈万三所无法比拟的。现在怡安堂、缤华堂、走马楼分别迁至汇龙潭公园和浏岛，但只是其中一部分啊！建国以后，廖家一度是县政府所在地，县政府迁往胡家花园（胡厥文故居）后，又长期成为县公安、检察机关办公地，你想这规模多大！现在没有了。"老人的言语中不乏惋惜。

边走边说之间，我们沿东大街到了博乐路。我说："东大街、北下塘街方位我都知道，只是你说的义弄在什么地方？"老人指着小商品市场与原菊园大酒店之间的一条夹弄说："就是这里。也有叫二（读 ní）弄的。"在这条夹弄里，老人一一指点着什么地方放染缸，什么地方是晒场，什么地方是工场，他的脑里似乎仍存储着一张清晰的方位图。

"染坊在'文革'前就消失了，但在以后的许多年里，我还看到过遗留的染缸。"老人如是说。

在老人的叹息之间，我也深感哀痛，不仅是为蓝印花布"抹灰药而染青"的工艺在发源地匿迹，也为那气势不凡的廖宅、古老的城墙、秋霞圃美丽的太湖石消失。在谴责"八国联军"掠夺的同时，我们理应反思有多少好东西毁在我们自己手中，而今天，是不是还有人在继续毁着？

2009 年 5 月

竹间雅韵

几年前,在歙县老街看到几件旧时竹刻作品,便与店主搭讪,说我来自嘉定,竹刻之乡。店主是位五十上下的妇女,看上去很普通,却脱口而出:"嘉定竹刻始祖朱松邻是我们徽州人。"语气比我更牛。

她没有说错,朱松邻原籍确是安徽新安(今歙县),南宋建炎年间(1127—1130),其祖徙华亭(今上海松江),六世时又迁居嘉定,居城内东清镜塘。徽州四雕(木雕、竹雕、石雕、砖雕)本驰名天下,但朱松邻开创的嘉定竹刻,名声却超越了他的先祖居地徽州,成为中华竹雕的代表性流派之一,2006年入选首批国家非物质文化遗产名录。究其缘由,我以为就因嘉定竹刻中的文人雅士风韵。

我国盛产竹,历代文人也多以竹自喻,"岁寒三友"、梅兰竹菊"四君子"中都有竹。文人爱竹、咏竹、画竹,将竹作为颂扬对象,寄情其中。明代中期朱松邻始创的嘉定竹刻,更是直接地将竹与文人维系在一起。嘉定文人通过竹刻寻找精神寄托,竹子劲秀挺拔、超逸高洁的品格又熏育着嘉定文人。

近日读金元钰《竹人录》与褚德彝《竹人续录》,其中记载的嘉定竹人,一个个真是如竹一般。明代名扬江南的"嘉定四先生"之一李流芳,天启年间赴京会考,见朝廷腐败,愤而弃考,从此绝竟仕途，回嘉定后自筑"檀园"，以诗文书画刻竹自娱。阉党魏忠贤在苏州建生祠，嘉定知县谢三宾问他应不应该去参拜魏祠，李流芳答：拜是一时事，不拜是千古事。李流芳的正直清高可见一斑，他的气节决定了他的诗画和竹刻的"风骨自高"。

侯崝曾，明末嘉定抗清义军首领侯峒曾族弟。在惨绝人寰的"嘉定三屠"中，侯峒曾及其子玄演、玄洁壮烈殉难。国破家亡后的侯崝曾为避乱世隐居乡村，吟诗刻竹，以解胸间忧国忧民之郁闷。侯崝曾常将诗词刻在竹上，制成臂搁、笔筒，与文友唱和。

清代大学者王鸣盛在《练川杂咏》中有"朱沈风流续旧传"咏嘉定竹刻。朱即"朱氏三松"，沈即沈汉川、沈禹川（大生）兄弟及其子侄沈兼。王鸣盛合称"朱沈"，可见沈氏在嘉定竹刻中的地位。沈大生人品风骨洒脱不凡，沈兼为人亦清正耿直。清兵南下，嘉定惨遭屠城，沈兼避居乡间废圃，"不食三日"，以示愤慨。行医之余，沈兼潜心刻竹。

"嘉定三屠"后的士子多不愿侍奉权贵，劲节超逸，以竹自喻，刻竹以寄托情怀，从某种意义上促进了嘉定竹刻的盛兴。

康熙年间，封锡禄、封锡璋兄弟应召入京，以艺值养心殿，专为皇室刻竹。但封锡禄为人落拓不羁，狷狂散淡的性格难以承受宫廷束缚，终日狂走不已，终于狂癫。乾隆年间，竹刻高人周颢家境贫寒，却从不以衣食累人。时有富贵者求其作品，并不惜重金，他不屑一顾。反之贫者索其作品，他随手与人，毫不吝惜。钱大昕极赞赏其品格，专著《周山人传》，传神记载了他的生平。

北宋画家文同曾言"竹如我,我如竹",此语也正是嘉定竹人的写照。

嘉定竹人多为文人雅士,学养决非一般。朱松邻少年时向松江书画名家曹时中学习"六书",《竹人录》中说他"工韵语兼雕镂图绘",后又与著名剧作家郑若庸结为挚友,互为唱和,在陆深家"高朋满座,顾无松邻子不乐也"。由于他精诗文书画雕镂,刻竹时能以笔法运刀,使他的作品"世人宝之"。

松邻之子朱小松也博学多才,诗词风流洒落,"有自然之致";"工小篆及行草,画尤长于气韵"。松邻之孙朱三松不仅能诗善画,且擅造园、制盆景,相传南翔古猗园小云兜等许多景点均出于三松之构想。

乾隆年间周颢被时人誉为"将南宗画法入竹刻之第一人","若取历朝诗家与竹人相拟,芷若(周颢)可当少陵(杜甫),二百余年间首屈一指"。周颢之所以能获此誉,与他本是当年造诣极高的书画大家并精于诗文不无相关。钱大昕称周颢"于画独有神解",他擅画竹,他为自己的《竹石图》题诗:"莫讶疏狂不合时,清泉白石是心知,闲来爱倚西窗伴,笑听秋风搅竹枝。"周颢的竹刻融"绘画六法"于其间,以刀代笔,臻于化境。

《竹人录》《竹人续录》记载的嘉定竹人,不乏文化大家,李流芳、钱大昕、瞿中溶、吴历等都在其列,娄坚、赵俞、朱彝尊等有关竹人竹刻的题咏更是连篇佳作。

李流芳,其诗"风骨自高,不能掩其真性灵也"(沈德潜《明诗别裁》);其文清新自然,被黄宗羲称"文中有画";书法学苏轼,浑厚大气;他又善金石篆刻,作品古朴雅致;他的画取法

"元四家"之一吴镇,笔墨酣畅,成就更是不凡,他的许多课徒画稿被编入《芥子园画传》。这样一位诗文字画堪称大家的雅士在作为竹人时,其作品的书卷气、金石味便充溢其间。

钱大昕,乾隆十九年(1754)进士,乾隆三十七年(1772)补侍讲学士,后升少詹事。凡文字、音韵、训诂、历代典章制度、古文地理沿革、金石、画像、篆隶及算术、历法等,无不通晓,被人誉为"不专治一经而无经不通,不专攻一艺而无艺不精"。他的《廿二史考异》更是名垂史册的国学巨著。这样一位大儒亦善竹刻,只是他的刻竹之名被其博大的学问掩盖了。

"清六家"之一的吴历,虞山派大画家,不仅工诗善画,也"兼工竹刻"。康熙年间,吴历长年在嘉定传教绘画,对嘉定文化产生深远影响。吴历琴棋书画俱精,年轻时向娄东派大画家王时敏、王鉴学画,向同乡文学家钱谦益学诗,向陈岷学琴,造就了他的满腹学问、非凡才情。他的竹刻便也充满了诗情画意。

嘉定多文人,嘉定成了滋养竹刻艺术的沃土。

从"朱氏三松"的《竹林七贤笔筒》《高山流水笔筒》到沈大生、沈兼叔侄的《庭园读书图笔筒》《草虫臂搁》,从封氏兄弟的《东坡从赤壁桃核舟》《圆雕采药仙翁》到顾珏的《踏雪寻梅笔筒》《抚琴图香筒》……从明清时期嘉定竹刻所表现的内容中,可窥见竹人的丰富学识与文化修养,也可感受到透逸而出的幽幽文人气息。

1966年宝山顾村出土的《刘阮入天台香薰》是朱小松的代表作,此件高14.4厘米,直径3.9厘米,所刻内容为东汉时刘晨与阮肇采药天台山迷路遇仙女,在仙境乐不思蜀流连忘返的神话故事。朱小松运用透雕、深浮雕,兼以平雕、留青和镶嵌,将人物刻画得栩栩如生,山石树木禽兽精细入微,可谓"鸟欲舒翼花欲舞风,人则瞪目而衣举,虫则昂股而气雄"。《刘阮入天台香薰》仿佛天工,无论内容构思、审美情趣还是运刀技法,都显示了朱小松不同凡响的学养和造诣。

乾隆年间竹刻高手吴之璠的作品更是多以文学故事作题材,如三国时期的大乔和小乔、《聊斋志异》中的王君诵等,"精细得神,最为工绝,为识者所珍奉"。上海博物馆收藏的《二乔并读图》笔筒,是吴之璠的代表作。笔筒中大乔、小乔咏赏《铜雀台赋》,一坐凳上阅读,右手支颐,左手指点几上书卷,衣带飘袅,神态专注;一倚坐榻上,右手执扇,注视书卷,似在评点。姐妹共读佳作,人物形象呼之欲出,精美优雅。吴之璠还善营造氛围,插花瓷瓶、线装古籍、青铜香炉等摆设使环境书卷气。吴之璠的另一代表作木雕《东山报捷图》,反映的也是历史故事,作品不正面表现淝水激战,以报捷快骑与相府棋枰前谢安的从容自信构图,构思之巧、内蕴之丰富,是学识浅薄者所无法企及。

明清嘉定竹人刻竹自娱,如秦一爵等认为刻竹旨在寄情抒怀,不轻易为人奏刀,作品多矜惜贵重。朱三松的再传弟子王永芳更是深居简出性情淡泊,终年安居乡村不入城市,并不苟下刀,每刻一件都历时数旬。苦心经营、刻意求新,致使嘉定时有佳作问世,如现藏于上海博物馆的封锡禄《圆雕竹根罗汉》等。清康熙的竹刻高浮雕《人物圆笔筒》在佳士得拍会上惊艳四方,以1045万港元成交,就因作者顾珏"不袭前人窠臼而能独立门庭",为求作品精深细微,不惜工本,宁愿费时一年半载。

竹人们与生俱来的文人气息使嘉定竹刻出世脱俗，成为真正的文人竹刻。

近些年，笔者与当代嘉定竹人有所交往，也曾随他们去江浙山地竹林选料。深入其间，觉今日竹人似有所缺。

文同赞美竹"心虚异众草，节劲逾凡木"，"得志遂茂而不骄，不得志瘁瘠而不辱，群居不倚，独立不惧"。"节劲逾凡木"，我们"节劲"了吗？古代竹人甘于贫困，如松邻之长孙朱稚美；今人却多忍耐不得。前些年，嘉定竹刻风雨飘摇，固守竹刻阵地者有几人？"心虚异众草"，我们"心虚"了吗？一得志便忘记自己斤两，互相贬低，旁若无人。

今日竹人中有的刻字可圈可点，然自己却不会写，所刻之字均为他人所书；有的刀法娴熟老辣，然不擅书画却局限了作品意境；至于能诗善文者更为鲜见。缺乏学养，导致有些作品临摹得其形而不得其神，创作也浅薄生硬的居多。"磨刀不误砍柴工"，多读书，如陆俨少所言"四分读书三分写字三分画画"，我想也适于今日竹人。

2009 年 5 月

文心，嘉定竹刻之魂

上海博物馆举办竹刻艺术展，取名极好："竹镂文心"。文心，正是嘉定竹刻之魂。我曾撰文认为"嘉定竹刻的最大特点是在于文人的介入和作品的文化气息"，这次竹刻艺术展，我近距离欣赏了明清竹艺珍品，对此感悟更深。

清金元珏《竹人录》和近代褚德彝《竹人续录》记载的嘉定竹人，不乏文化大家，李流芳就在其列。李流芳其诗"风骨自高"，其文"文中有画"，书法学苏轼，笔墨酣畅。竹刻展上，我首次见识他的行草书臂搁，"花褪残红青杏小，燕子飞时，绿水人家绕。"一首苏东坡的《蝶恋花》，顷刻让我感受到其间弥漫的文人气息扑面而来。

早就听说1966年宝山顾村出土的《刘阮入天台香薰》是朱小松的代表作，以前只见图片，这次能见实物，着实欣喜，难怪被王世襄"叹为竹刻无上精品，第一重器"。

另一件邓孚嘉的竹根雕《陶渊明赏菊》也堪称文人竹刻的佳作，高14.4厘米，宽8.2厘米，"老松一株，枝干纷挐，挺然独秀。五柳先生立于松下，手持菊花一枝，注视着坡上的灵芝草。刻件并无篱菊，更无南山，却自然使人念及'悠然'诗句"。（王世襄《锦灰堆》）反复观看，确如世襄老人所言"转觉隽永有味"。

从"嘉定三朱"的作品到沈大生的《庭园读书图笔筒》,从吴之璠《刘海戏蟾图笔筒》到周颢的《竹石图笔筒》……展会所见嘉定竹刻表现的内容,充分体现了明代至清中期竹人的丰富学识与文化修养。他们有的以文学故事作题材,"精细得神,最为工绝,为识者所珍奉",有的直接吟诵古典诗词,内蕴之丰富,为当今一些学识浅薄的匠人所无法企及。

这些年,我较多关注竹刻艺术,与嘉定竹人交往也颇多,因感叹当今竹人文化底蕴有所不足,多年前就建议他们多读书,但能听进去的并不多,担心"磨刀"会误了他们的"砍柴工"。直至有一天,终于有竹人认为我言之有理。他就是后来成为上海市工艺美术大师的安之。

一段时间未见,每次遇安之,他都让我刮目相看。有一次他说在琢磨柳宗元的《小石潭记》,想用竹刻表现这篇山水游记。我望着他,顿觉陌生。"隔篁竹,闻水声,如鸣佩环,心乐之。伐竹取道,下见小潭,水尤清冽。全石以为底,近岸,卷石底以出,为坻,为屿,为嵁,为岩。青树翠蔓,蒙络摇缀,参差披拂。"能以竹刻再现此情此景,岂不太美!

《小石潭记》他先后设计了五稿,花了他不少时间。我不知安之现在有没有完成,但至少我得知中国优秀的古典文学已对他的创作产生了影响。之后再见,他又告诉我在读什么书,我闻之颇高兴,所说书目有的连我也未读过。他还想有一日能在竹刻中表现杜甫的《茅屋为秋风所破歌》、李白的《梦游天姥吟留别》等等。我大喜,原本有几分桀骜的他在我眼里骤然添了文气、书卷气,并不断在他作品中有所渗透。较之他以前,他近期的作品空灵而显幽远，写意而不乏个性。这种空灵、幽远和写意，便是我等待很久的文人气息。

更为难能可贵的是，安之并不整日沉湎在竹刀之中，他还经常总结归纳从艺心得，把感性的经验升华为理性的认识，从而再回过来左右他的刻竹。他说："要表现诗意，不一定要刻一首诗，才叫有诗意，如所谓的画中有诗、诗中有画。将一块竹板做好，同样也可以呈现诗意。""东坡先生诗云：'味摩诘之诗，诗中有画；玩摩诘之画，画中有诗。'不管以诗养刻，以刀刻意，其中必然贯穿着一条情感的暗线，刻魂诗魂，纵情自在。"这话极富哲理，所谓"刻魂诗魂"，就是"文心"。有无"文心"，便是区别文人竹刻和匠人竹刻的重要标志。他明白了这一点，他就会在创作前、创作中自觉地去寻找和表现"刻魂诗魂"。他近几年的《纹枰论道笔筒》《杨升庵酒醉簪花图浮雕臂搁》《羲之爱鹅竹刻浮雕臂搁》等作品莫不如此。

从安之身上，我看到文人竹刻在嘉定再现的可能。

自最后一个传统竹刻大师潘行庸辞世后，嘉定竹刻陷入较长时间的沉寂。2006年，嘉定竹刻入选首批国家非物质文化遗产名录后，竹人或重操旧业或开办工作室，又热闹起来。但是如果文化底蕴不足，这情景难免有点像清末。清末，经营竹刻制品的店铺在嘉定州桥栉比鳞次，但真正的文人竹刻却寥若晨星。竹件变成商品，竹人转为商贾，当年程庭鹭曾为之痛惜不已。时隔百余年，嘉定仍希望出现有学养有悟性的竹人和有内涵耐寻味的竹品。

文心为嘉定竹刻之魂。无心无魂，嘉定竹刻不过徒有躯壳。

安之在镂刻技法等诸多方面已日臻成熟，如今又更多地研读诗文，注重修炼自身并重视与文人交往，注意听取文人在审美意趣上的见地，苦苦在新作中寻觅文心，无疑会使他今后的竹刻进入一个新的境地，可喜可贺。

文人竹刻能否在嘉定重现，嘉定竹刻能否有新的突破和升华，我虽疑惑也曾经迷惘，但安之让我看到希望。我深深期待。

2012 年 7 月

茶仙原是嘉定人

一日，在福州路书城忽见一书《茶经》，中国友谊出版公司2005年11月出版。茶圣陆羽所著《茶经》仅七千多字，这本《茶经》足有三百多页，我颇觉惊讶。取下书架我略略翻阅，原来编者将陆羽的《茶经》与清代陆廷灿的《续茶经》合二为一了。陆羽占全书八分之一，余下篇幅全归陆廷灿。我细细一读，又是一惊，这位被誉为茶仙的陆廷灿竟是嘉定人！

陆廷灿，字扶照，一字幔亭，《续茶经》作于雍正十二年(1734)。1717—1722年陆廷灿任崇安知县，县内有武夷山茶区。据他自己说："值制府满公，郑重进献，究悉源流，每以茶事下询，查阅诸书，于武夷之处，每多见闻。因思采集为《续茶经》之举。"全书洋洋七万字，目次依照陆羽《茶经》，分为十目：茶之源、茶之具、茶之造、茶之器、茶之煮、茶之饮、茶之事、茶之出、茶之略、茶之图。自唐至清，诚如陆廷灿所言，茶的产地和采制烹饮方法及其用具，已经和陆羽《茶经》所说的大不相同。因此时隔近千年，陆廷灿旁征博引撰写《续茶经》，意义非常。《四库全书总目》称此书"一一订定补辑，颇切实用"。

我定居嘉定多年，此前对陆廷灿一无所知，汗颜不已；在策划编辑《人文嘉定》时，又让这样的重要人物缺席，更觉内疚不安。从书城回来，为填补脑中空白，我急着"充电"，捧出一大摞当代地方史志，遗憾的是以千万计的文字中竟无一字半句关于陆廷灿的。我感慨万千，在为这位写过《续茶经》《艺菊志》《南村随笔》的嘉定人抱不平的同时，我想是不是那些地方史志的编者也像我一样无知。

几天后，我遇见研究地方史志的朋友，问及陆廷灿其人其事。他说他知道，是南翔人。我说："那么当代所有的地方史志为什么都没把他编选进去？"他却认为："如果把陆廷灿选编进去，那该选的太多了。"我无语。我想是不是因为陆廷灿未中过进士，仅仅只是七品芝麻官，就没有选编的价值了呢？若真如此，我觉得今人在对历史人物的价值评判和取向上，也显功利了些。在热衷于统计出过多少状元进士，何人官至尚书翰林的同时，我觉得我们看历史人物，理应更注重对人类文化的实实在在的贡献。

去年十月，友人邀我去浙江长兴，那是陆羽写《茶经》的地方，出于对茶圣的膜拜和紫笋茶的喜好，我专门去了顾渚山。聪明的长兴人正充分运用茶圣的人文资源修建贡茶院，还筹划着在顾渚山召开来年的中华茶博会。我想，嘉定是不是也可以运用陆廷灿的人文资料，在弘扬茶文化方面做些文章？在以往嘉定历史的研究中我们也许顾此失彼有所疏漏，于今作必要弥补，历史文化名城不就更显底蕴丰厚吗？

中国茶文化研究中心把陆廷灿和《续茶经》作为课题专门研究，认为"从现存的七十余部中国古代茶书来看，若论内容之丰富，卷帙之浩繁，征引之繁富，当首推《续茶经》"（胡长春《陆廷灿〈续茶经〉述论》）。在武夷山区，说到茶，茶人言必称父母官陆廷灿。"桑苎家传旧有经,弹琴喜傍武夷君。轻涛松下烹溪月,含露梅边煮岭云。醒睡功资宵判牍,清神雅助昼论文。春雷催茁仙岩笋,雀尖龙团取次分。"陆廷灿为武夷茶写下的诗句至今仍广为流传。

陆廷灿"对寒花啜苦茗,意甚乐之",喜菊爱茶,其性情其境界为我所瞻仰。陆廷灿是嘉定一傲。如能在古猗园、秋霞圃设一茶室,以陆廷灿和《续茶经》为人文背景,于嘉定爱茶人乃不失为一幸事也。

2008年3月

寻踪陆廷灿

嘉定南翔是茶仙陆廷灿的故里。陆廷灿,字扶照,一字幔亭,生卒年不详。年轻时,陆廷灿"尝于家乡之槎溪之上卜筑读书,种植名花异草。而尤喜艺菊,遍觅奇种,罗植阶砌,真可谓继渊明高躅而不逐时趋者矣","隐居以求其志,行义以达其道","穷则独善其身,达则兼济天下"。(胡长春:《陆廷灿〈续茶经〉述论》)

清康熙五十六至六十一年(1717—1722),陆廷灿任崇安(今武夷山市)知县,县内有武夷山茶区。勤于政事之余,陆廷灿常临乡村,遍访农事,"值制府满公,郑重进献,究悉源流,每以茶事下询,查阅诸书,于武夷之处,每多见闻。因思采集为《续茶经》之举。"几年以后,逢升迁易位,陆廷灿以"多病"请辞,回故乡南翔,静心研读茶书,"翻阅旧稿",历时十余载编写《续茶经》。

《续茶经》是中国茶文化史上继陆羽《茶经》之后的最重要著作,作于雍正十二年(1734)。《续茶经》丰富和补充了《茶经》中的许多内容,仅"茶之出"一章,陆羽只对唐代15个道中5个道的产茶地进行记述,对其他10个道的茶产地,只是一笔带过。而《续茶经》则摘引了近百部茶著、茶文,"茶之出"覆盖到全国15个省份。

在武夷山，说到茶，茶人言必称陆廷灿。"桑苎家传旧有经，弹琴喜傍武夷君。轻涛松下烹溪月，含露梅边煮岭云。醒睡功资宵判牍，清神雅助昼论文。春雷催茁仙岩笋，雀尖龙团取次分。"陆廷灿为武夷茶写下的诗句至今仍广为流传。

2008年我曾写文《茶仙原是嘉定人》，那时，这位武夷山家喻户晓的"茶仙"，在他的家乡几乎被忘却。1949年之后的嘉定地方志、南翔镇志几乎都没提及。八年后，南翔举办"陆廷灿茶学思想暨《续茶经》研讨会"。从遗忘到重视，这位写《续茶经》《艺菊志》《南村随笔》的南翔先贤重被瞩目。这种对历史人物价值取向的转变，体现了南翔对文化史志研究的可喜进步。

陆廷灿《续茶经》现在是我案头常读常新的工具书。这些年，我写不少茶文，结集《吃茶笔记》出版，不得不说我在《续茶经》中获益匪浅。

我在全国踏勘茶山，《续茶经》更是我行脚的地图。比如四川蒙顶，比如宜兴阳羡，比如休宁松萝，比如六安霍山，比如洞庭碧螺……我多有涉足。在陆廷灿当过县令的武夷山，我更是每年都去。桐木关、星村、挂墩、慧苑坑、牛栏坑、马头岩、水帘洞、九龙窠、鬼洞、吴三地、溪源……都留有我的足迹。我在那里寻茶访友，"每以茶事下询"，与茶农同宿大通铺，共同体验做茶的艰辛与欢乐。

沿着《续茶经》中提及的方向，行走茶山，已成为我生活中的重要内容。这些经历又一一化诸我笔端文字。正在筹划出版的《寻茶记》是我继《吃茶笔记》之后的又一茶著，也是寻踪陆廷灿的真实记录。

中国茶文化博大精深,陆廷灿《续茶经》中说到的许多茶山,我有许多仍未去过。每读《续茶经》,我似乎听到茶山的呼唤,更听到的是乡贤陆廷灿的嘱托。

2017年9月

敬茶坊听雨

在江南老屋听雨品茶，是一种很惬意的享受。

我沿河由西往东。这条练祁河，因"流水澄清如练"而得名。"片帆屡卷暂停船，东望微茫接巨川。几簇人家烟水外，数声渔唱夕阳边。雁知黍熟呼群下，鸥为晴沙傍母眠。银鲙丝莼今正美，且拼一醉曲江天。"古诗中雁知黍熟，鸥眠晴沙今虽不见，河畔连排老屋却依然让我流连。

有雨滴打在身上，惆怅彷徨之际，我忽见此屋，门楣有"敬茶坊"招牌。

跨过门槛，小小的庭院古朴幽雅，青石铺地，雕花门窗，一切似曾相识。厅堂内老家具的摆设也是我所喜欢，茶桌琴几，香烟飘袅，水池倒影，盆栽草木摇曳生姿，静谧而悠然。一把禅椅，上方挂书家王伟平的蝇头小楷《心经》，更为这里平添几分禅意。隐隐约约中有柔婉音乐轻漾，那是昆曲《牡丹亭》。案几上的茶盏、铁壶，印着"禅"字的册页，虽稍嫌刻意，但与整个氛围还融合。

店主小陈，来自山西，把我引进里屋雅室。茶桌是一棵大树的直剖面，座椅是我喜爱的明式风范。墙上挂匾额黑色底漆虽已斑驳，伊秉绶所书"清心闻妙香"涂金隶书仍十分醒目。在我看来，这匾似乎是专为茶室所量身定做的。清心、妙香，多好！

一位姑娘端来一杯阳羡雪芽。我知道阳羡雪芽,茶名源自苏东坡诗句"雪芽我为求阳羡",唐肃宗年间,每逢茶汛,朝廷特派茶吏在宜兴设"贡茶院",专司监制、鉴定。采下嫩茶,经焙炒,即快马日夜兼程上贡京城。陆羽称阳羡茶"芬芳冠世",卢仝也有"天子须尝阳羡茶,百草不敢先开花"的咏茶名句,明末刘继庄在《广阳杂记》中更是直言:"天下茶品,阳羡为最。"

上茶的年轻女子二十来岁,眉目清秀,终日在茶烟琴韵熏育下文静无俗气,身着大襟薄衫,盘纽,青灰色的面料有点飘逸,靠袖口镶一段玄色,很有点古典女子气息。这服饰是小陈所设计,看来茶室每一细枝末节他都费了心思。

细雨绵绵的氛围中,阳羡雪芽袅袅中轻漾着清香,杯中汤色清亮,翠芽缓缓展开,漂浮着又慢慢沉入杯底。茶芽嫩匀有锋苗,确是很不错的春茶。明代周高起在《洞山岕茶系》中描绘阳羡茶:以"入汤色柔白如玉露,味甘,芳香藏味中,空深永,啜之愈出,致在有无之外"。我细品慢啜,觉周高起所言丝毫不过。

天色渐暗,少顷,雨大了,雨点打着老屋,淅淅沥沥的声音将我引入怀旧的意境。面前一杯阳羡茶,闻香、品茗、听雨,别有情趣。"一庭春雨瓢儿菜""留得残荷听雨声""水风空落眼前花,摇曳碧云斜""青箬笠,绿蓑衣,斜风细雨不须归""雨打江南树。一夜花开无数""愁兼杨柳一丝丝,客舍江南暮雨时"……历代诗人笔下的江南雨给人太多的回忆和想象。

我似乎有点坐不住,走到门前,雨水沿门檐往下淌,如注。屋外练祁河水面溅起水花,河对面老屋顶上雨雾在风中犹如白烟卷过,唯门前绿树在雨水洗濯中越发洁净。我心中有莫名的激动,想把雨景和内心冲动告诉更多的朋友。我用相机拍摄了这一刻,并即刻上了微博,文字很简单:"下雨了,坐在古色古香的茶室,听老屋外的雨声。"

网络真奇妙,极普通的一张图片一句话即刻勾起许多人的情愫。有人想起他家"依河而建的老房,风水好,有燕子常年做窝",湖北一位作家感慨:"唉,老屋里,藏着多少年少的记忆。我家的老屋,如今空无一人了……"新加坡有位华侨,更是在微博中向我倾诉思乡之情,他说他家乡在浙江缙云一个叫梅溪的很淳朴的小村庄,儿时在那里度过,老屋有院子,抬头能看到屋檐四角和天空。他说:"几十年了,真想回去坐坐。选一个烟雨迷蒙的三月吧。"又说,"现在想通了些,一生何求?是采取行动的时候了,要不然那老屋可能都不在了。"我去过缙云,好山好水好地方!我鼓励他:回家看看吧。他说:"谢谢了,对啊,回去坐老屋院子里,听雨看雨。"

有人说,坐江南老屋,无雨便成遗憾。在老屋听雨看雨确实美,如果有一壶好茶相伴,就更是圆满了。敬茶坊先是一杯阳羡雪芽,继而又一壶暖暖的武夷山肉桂,最后又一壶陈年的"老班章"生普,温馨又充满诗意,着实难忘。

2012 年 10 月

在文字和图片中寻找

许多年前我去王威尔办公室,发觉他那里的陈设与一般办公室不同,老家具、木雕旧窗、茶桌……很有点中国传统文化的元素。一把旧时苏作榉木圈椅更让我赞不绝口。我问王威尔:"这好东西你是哪里觅来的?"他的回答让我惊讶:"别人扔掉了,不要了。我捡来的。"

许多年以后,他说要写一本关于嘉定西大街的书,我为之叫好。一把旧圈椅,榫卯松动了,局部有残缺,别人丢弃了,他捡回来,视其为珍。一条西门老街,已残破,有人也曾想丢弃。现在王威尔要写她,想用文字把丢失的捡回来,我想他一定会饱含感情。

2018年,是嘉定建县八百年。八百年里,祖宗为嘉定留下了许多有形和无形的资产。到我们这一代,被战火、动乱、愚昧以及貌似冠冕堂皇的各种借口毁坏了多少?丢弃了多少?

1965年,我从上海市区被分配到嘉定,走在州桥老街,古桥、枕河人家、河上划着桨橹吱吱嘎嘎发着声响驶过的小船、沿街老屋门楣上"明庐""寒梅小筑"等雕刻字样……都让我感到江南水乡妙不可言的古典美。一条西大街,逢周末,我不回市区就常去那里。大东饭店、上林春书场、项泾桥、顾家宗祠……太多的内容让我流连忘返。

我在嘉定五十多年，把嘉定视作第二故乡，对她爱之深、情之切，也许是别的地方都无法比拟的。为此，我才越发珍惜嘉定先贤的遗存。无可奈何地看着秋霞圃桃花潭畔的太湖石在"文革"中被砸碎作为"深挖洞"的三合土；嘉定历史上有名的清官陆陇其在东大街的宗祠，因为一个工程被拆除，拆下来的木柱木梁砖石等构件上都写有当年捐赠百姓因爱戴陆陇其而留下的姓名。我想，下令拆除陆家宗祠的官员见此，心中会有什么感受？

我一次次扼腕长叹，终于有坐不住的时候。21世纪初，时任嘉定镇规划科长的黄振渭找到殷慧芬和我。是时，政府机构与某地产集团正洽谈在西大街练祁河南岸开发房产。黄振渭呼吁停止开发，保护西大街完整的历史风貌。承受着种种压力的黄振渭渴望得到社会力量的支持。

我们毫不犹豫地站在他一边。练祁河两岸本就是一个完整的老街历史风貌，拆去一半，不是活生生把一幅嘉定的《清明上河图》撕去一半吗？

黄振渭他们提供了一份西大街古迹的名录，思贤堂、王敬铭状元府、廖氏大宅、八大王庙、西水关、护国寺、西溪草堂、善牧堂、折漕报功祠等足有几十处。难怪阮仪三教授说："嘉定西门，看的东西比朱家角多。"与西大街相关的历史名人更是长长一大串，顾维钧、廖世承、沈逸千、吴宗濂、吴蕴初、葛传槼、黄天白、唐绍澜、陈世璋、陶继渊等等，远非一般古镇所能比拟。一个沈万三已让周庄风靡，而面对顾维钧、吴蕴初等人的祖居，嘉定有些官员居然可以熟视无睹，甚至嚷嚷"顾维钧是什么名人""顾维钧是个战犯"，无知之极，荒唐之极。

我们请来了新华社上海分社记者、《新民晚报》、上海文化名人尔冬强等共同呼吁……新华社发了消息，《新民晚报》几乎用了一个版面，呼吁对西大街历史风貌的足够重视。但书生的呐喊在权力和经济利益面前终显无力和无奈，推土机照样把顾维钧家的宗祠推倒。那个1919年在巴黎和会上为保卫自己祖国国土完整而力挽狂澜的杰出外交家，在时隔八十多年后，他曾经的家园却被自己的同胞无情拆除，片瓦不留。被拆的还有八大王庙、晖吉酱园、金家洋房、面粉厂……我的许多记忆在堂而皇之的"开发"中化为瓦砾和尘埃，好端端的一幅"嘉定《清明上河图》"从此只剩一半。

岁月流逝，十来年后，有些官员开始认识到西大街的价值，似也采取过若干措施，比如修复吴蕴初故居、收回曾经出租作为足浴店的善牧堂等，却为时已晚。

一把被丢弃旧时圈椅，有识之士能捡回来，而被拆除一半的老街，谁还能捡回来？对西大街的美好印象，现在只能在文字和图片中寻找。王威尔写《印象西大街》的价值也许正在这里。

2016 年 12 月

土布与弥漫的东方元素

这里原先是一家饭庄。有一天走过,突然觉得烟火气消失了,再看,门口换了招牌,叫"荷木嘉园"。周边是树木葱茏的园林,有点年份的建筑古色古香,令人惊讶的还有我在东瀛见过的枯山水。静静的,静得令人觉得冷寂,与先前的饭庄判若两个世界。

饭庄以前我有时也去,而这突然出现的有点清高孤洁的"荷木嘉园"我却只是在路过时投以匆匆一瞥,甚至不敢去叩响那扇关闭着的门。就像一个老农不敢接近邂逅的高冷却美艳的女子。

有一天,"荷木嘉园"的主人杨凤蕊邀我去那里。"老农民"有一种意外欣喜。邀我,是因为我写了一本新书《寻茶记》。杨凤蕊要我择日去讲茶。

我欣然应允。走在路上,我揣测主人是一位怎样的女子,《红楼梦》中十二金钗,与谁比较相似?而我,则有点像初进大观园的"刘姥姥"了。

按了下门铃,门打开了。那门,一半是厚厚的大玻璃,一半是来自山西老屋的旧门板,木纹如西北汉子风吹霜打多年的皮肤。进了屋,我没有像刘姥姥那样大惊小怪,反倒有一种似曾相识的亲切。一件件来自苏州和山西的老家具,一扇扇古朴的老门窗,一本本我读过或未读的书,一张张土布制作的茶席……一叶一菩提,连那茶罐、茶壶、茶炉、茶盏,乃至一件大漆涂抹的竹胎茶则和随意置放的竹编提篮,都像老朋友一样,与我很熟。握着杨凤蕊的手,我顿觉相见恨晚。荷木似乎等了我很久,我也等了荷木很久。

随着杨凤蕊的引领,我慢走细看,边看边自言自语:"这木门上细小的方格全是榫卯相接,明式的;这山西柜门板的雕刻很漂亮,大气简洁,与苏州做工不一样;这个衣架是现在仿制的,这个提篮叫食盒,《红楼梦》《金瓶梅》中都有写到……"我情不自禁。

"楼老师都喜欢啊?"杨凤蕊笑吟吟地看着我,她知道我除了写茶,还写过老家具、竹器、土布、刺绣……

我说:"你把东方传统元素都融会在这空间,太好了,我喜欢。"

移步至室外大露台,汇龙潭公园的一片绿色尽览眼底,赏心悦目。大树下,一张数米长的茶桌一直延伸到绿树丛中。我和殷慧分在茶桌两边坐下,抬头之间却见屋顶一角极美的泥塑:方形的花瓶中插了几枝梅花,连花瓣花蕊都精细可辨。杨凤蕊告诉我,屋顶四角泥塑分别是梅兰竹菊,是 20 世纪六七十年代古建工程队能工巧匠的作品,图纸都没有,手工捏制的。我叹服这如今已罕见的手艺。

坐下喝茶的时候,我知道了杨凤蕊来自中原古都,就学于上海,学习服装设计,后留学英国,在英国圣马丁艺术学院深造。其母师承她姥姥,绣花、服装缝制在当地很有名。至杨凤蕊,她们家已是三代传承。

银壶里煮着老茶，飘袅的茶气带着药香，很好闻。我笑问："煮什么好茶？"杨凤蕊递过一包茶来，我看了下："是康砖啊？雅安的？有二十多年了吧？"杨凤蕊说："什么都瞒不过你。1993年的。"

喝着茶，我细细打量，茶席是本白土麻布，四五米长的茶桌是整块老木板，周边镂刻着舒展的卷草纹。我们坐在再普通不过的草编蒲垫上，感到一种质朴和风雅。

"这整块的老木板你从哪里搞来的？"我问。杨凤蕊说："这是你们上海拆石库门老房子时，我们买下来的。有些砖雕石雕很漂亮，我们知道晚了，就被砸掉了，很可惜。"

我奇怪，来自中原的70后女子怎么会与上海老屋拆除联系在一起？杨凤蕊笑笑，道出她背后的男子，她丈夫，一位孔姓令字辈的后人，生于上海，长于上海，同样喜欢东方传统的好物件，旧建筑的残件、旧家具、旧织布机、农村妇女出嫁时压箱底的一捆捆老土布，都在他视野中。

茶过几巡，杨凤蕊带我看她们的作品，一个缤纷的衣飘飘的世界，时而眼花缭乱，时而宁静致远，时而有大风来兮，时而有江南秀美。我自称"老农民"，原因之一是我对自己的衣饰不讲究，有时甚至不修边幅。面对眼前的灿烂，我发现"荷木"服饰中处处呈现的东方元素。

香云纱。我很小时候见阿娘（宁波人对祖母的称呼）穿过，1953年阿娘过世后，我们家再无人穿香云衫，但夏天在上海街路上还时有所见。1966年以后，穿香云衫的几乎匿迹。再以后，我只是电影电视里见识，剧中的香云衫似乎是"黑帮""大亨"的

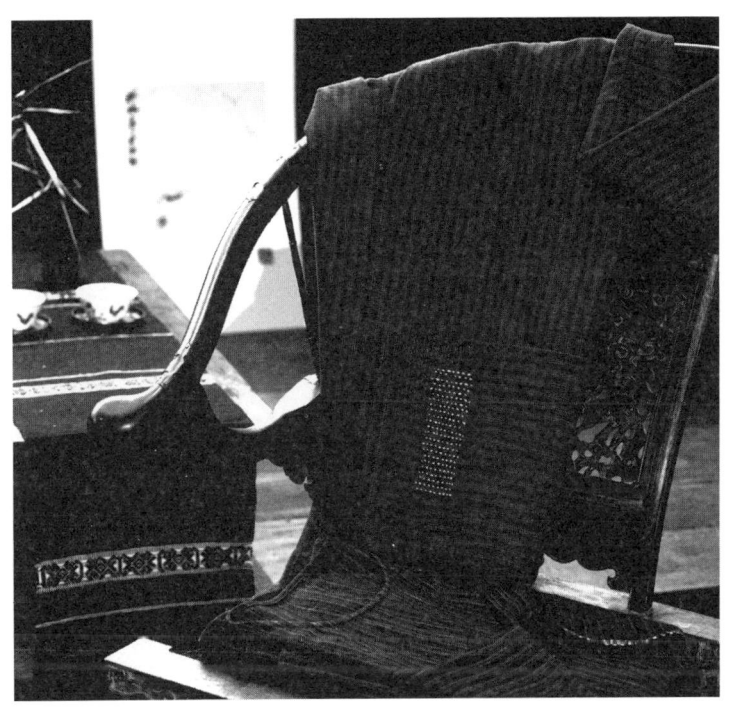

经过设计师的巧思,土布显得不土了

一个符号。近些年,香云纱伴随着改革开放再度流行,2008年,"香云纱染整技艺"入选国家级非物质文化遗产目录,广东顺德成为香云纱染整技艺传承地。2011年,顺德为香云纱申报了"国家地理标志保护"。小时候我听老人们说,夏天穿香云纱凉爽宜人,香云纱轻薄柔软,不易起皱,水洗后干得很快,还有除菌、驱虫等功能。今在"荷木"重见,幼时的记忆纷至沓来,心底涌现淡淡的怀旧情感。当然,这里的香云纱已被杨凤蕊她们融入了现代的时尚印痕。

我看到苗绣。一件大红底子的中式女褂上面绣着凤戏牡丹的图案,花团锦簇,喜气洋洋。殷慧芬觉得漂亮,忍不住穿上试衣,满脸堆笑。我说:"像新娘子。"只遗憾四十多年前,她做新娘时,我还贫困。再说,在那个所谓"探索"的年代,即使我富裕,也不敢让她穿着当时被认为"封资修"的"奇装异服",在众目睽睽中招摇。我俩结婚那天,我穿的是千衣一律的蓝色中山装,而她穿一件橘红底色小花图案的对襟夹袄。她母亲专门缝制的,纯手工。杨凤蕊说,这件苗绣红袄确是年轻人为办喜事专属定制的。这话让我对今天的年轻一代顿生羡慕。

如果说,满幅苗绣的袍服稍显奢华,在平常日子里很少会穿,那么把绣片作为点缀,在合适部位镶上一小块,让衣着既不太张扬又个性化,就更显荷木设计师的巧思了,受欢迎的面也似乎更广。

作为饰品点缀的不仅是苗族绣片,还有苏绣、壮锦、黎锦等。我比较熟悉苏绣,苏州绣娘中也有我交往多年的好朋友,比如大师级的周莹华。然而对黎锦、壮锦则相对比较陌生。知道海南琼崖的黎族纺织是因为上海松江乌泥泾的黄道婆。据传黄道婆当年在崖州二三十年，元贞年间（1295—1297）返回故里，将黎族的纺织技艺在江南传播，从此"衣被天下"。有道是"纺织出琼崖"，可见黎族织绣历史之悠远。

　　黎锦以棉线为主，麻线、丝线和金银线为辅交织而成，其扎染与织造相结合的织锦工艺图案，精美华丽，古语称"黎锦光辉若云"。在荷木，我算是见识了黎锦之美，并且引发我一种念想：是否要去五指山下，专程探寻这已经成为"非遗"的服饰艺术？

　　相比苗绣的富贵和黎锦的华美，壮锦有着某种规律的几何纹，则让我感到朴素、流畅和明快。在一件深藏青的女式羊毛织衣前，我驻步不前。吸引我的不仅是落落大方的款式，更是开襟处两片并不炫耀的壮锦绣片，曲尺纹，如水波般流动，其间缀以点状粉色，初看如同还未绽放的花蕾。我看了看殷慧芬，此衣像是为她量身定做。壮锦与南京云锦、成都蜀锦、苏州宋锦并称为中国四大名锦。第二天恰是殷慧芬的生日，我想给她一件这样的礼物，也算作为她初为人妻时未有锦缎丝绣的弥补。

　　各式土布制作的茶席随时可见，本色的，蓝印花布镶拼的，贵州蜡染的、缀满绣片的……眼花缭乱之间又觉典雅。我去过贵州，在安顺蜡染之乡亲眼看见过蜡染的制作流程，那图案是布依族、苗族的匠人用蜡刀蘸熔蜡一笔笔画在土布上，然后投入染缸，染后去蜡，布面呈现出多种图案的蓝白花纹。美丽的纹饰有时会像烧瓷时瓷釉的开片，像龟裂，像水花，非人工能摹绘。彩色蜡染还有上色、封色等工艺。我在非遗传承人、六十多岁的马龙琴那里买过一块她手绘的蝴蝶花台布，也算是千里迢迢不虚此行。

在荷木，又见贵州蜡染。荷木的这块蜡染茶席，让我惊讶的是其中蜡绘的精细，几乎精细到每寸每分丝毫之间的蓝与白都有变化。我感受到在这张茶席上绘蜡的工匠当时那份心的宁静、专致、一丝不苟，甚至能听见他完成后的一声轻轻的舒缓的呼吸。

我一眼看见衣架上用江南老土布做的衣衫，太熟悉了，我不由步子加快，拉着衣袖，像拉着老朋友的手。这种蓝白相间的条纹在江南土布中最为常见，这些年里我收藏的各种纹饰的土布都比这块好看，在老街小店我见这种条纹土布，几乎熟视无睹。但就在"荷木"，我却有一种心动的感觉，甚至忍不住在自己身上比画。

怎么回事？我细看，除了款式经过设计师的巧思妙想显得新颖外，这衣服在局部细节上的处理，一下子让土布显得不土了。比如在袖口或在衣襟在衣袋一角辅以白线随意手绣的针脚或拼接补缀一块绣布，又比如缀以考究的雕花铜扣、翡翠玉石扣，让来自乡间的平常物瞬间升为华贵。我尤喜欢看似不经意的针脚，这让我想起"慈母手中线"，让我眼前重现我那逝去的老母亲在灯下戴着老花镜为儿孙们缝衣纳鞋底的情景。

我把这些心得告诉杨凤蕊，似乎有点班门弄斧。果然，关于衣物上的绗缝针脚和扣子的介绍，她说出许多道道来，让我长了不少见识。

绗缝针脚是中国民间传统手工艺，设计师把这种质朴的针脚赋予了更多艺术韵味，让这种民间手工艺重获新生。与机器绗缝相比较，手工绗缝的手感更柔软舒适。每一处针脚是思绪的脚步,也是时间的影迹。衣物上运用拼接、补缀的手法。拼,是为了充分利用面料的边角余料;缀,是为了减少关节部位的磨损,延长衣物的使用寿命。设计师的这种手法,不仅赋予了衣物的装饰性和实用性,更是秉承了古人的敬物、惜物之心。

至于雕花铜扣和翡翠玉石扣,杨凤蕊说:"雕花铜扣本来就极具东方韵味。将衣扣与翡翠玉石结合,既突出了玉的润泽高雅,又传承了传统的古典雅致。"

穿着这样的土布衫,我想,游子照样可以彰显衣锦还乡,少男少女照样可以展露锦绣年华,而像我这样的老人则可以感受一种忆往怀旧,从心底升起一种淡淡的乡愁。

行文至此,我感到土布的定义似乎还可更广泛。除了江南的民间织物,香云纱、苗族绣片、黎锦、壮锦、药斑布、蜡染扎染的蓝印花布……乃至更多的来自民间的手工织物是否都可包含其中?

从里到外,从外到里,我一路看,一路品味。在针线的游走间,在传统与时尚的交融间,一衣一物让我如入禅境。我被弥漫着的东方元素包围,心宁静许多。我对杨凤蕊说:"你真是找了个好地方。或者说,这地方找对了你。"杨凤蕊谦虚:"承蒙楼老师殷老师宽宏厚爱,晚辈资历浅薄,内心诚惶诚恐。又每日沉浸繁琐事务之中,不谙世事,借由荷木嘉园一隅天地结缘两位老师,相见恨晚,相谈甚欢。心中些许风月被二老看透,点滴之处给予莫大鼓励。惭愧。"

坐下再喝茶的时候,茶浓了许多,我和杨凤蕊之间的言谈也浓了许多。言归正传时,我爽快地答应杨凤蕊在"荷木"讲中国茶，讲《寻茶记》。

茶，在博大的东方传统文化中不可或缺，从茗茶为第一讲，开辟"荷木"系列讲座，关于土布、服饰、建筑、家具、香道、诗词、书法……让优秀的东方传统文化从这里向更大的空间传播、弘扬。

2019 年 1 月

旧物玩赏

清代万历柜和描金衣柜

一件清代的万历柜和描金衣柜是我们家最初的老家具,购于2000年。

2000年,我们有了现在的居所。装修的时候,请来了沪上设计名师郑家和。郑家和的室内外装潢设计蜚声海内外,作品屡获国内外重要奖项。殷慧芬写过一篇散文《一个人的河》,专门提到苏州河边郑家和的工作室。

那天我把郑家和接到嘉定,踏勘现场后,他与我喝酒至半夜,借着酒兴,两个男人胡说八道,胡天野地。从郑家和的海阔天空中,我揣摩着居室应该有的风格:简洁、古典、乡村气息、文化氛围。

装修时,我们也关注着与居室相融的家具,开始涉足旧家具市场。从豫园到吴中路,从沪青平公路到华翔路,沪上一些旧家具市场的集中地,都留下了我们的足迹。晋元阁、崇徽堂、华古家具、协源,好几家店铺的老板后来都成了我们的朋友。

这件万历柜和描金绘画衣柜是在"亦心缘"古典家具门市部购得的。"亦心缘"是殷慧芬逛豫园时发现的,说那里有几件旧家具很漂亮。几天后我便与她同往。

这店门面很小,进门后沿着楼梯拾级而上,楼梯一侧墙上错落地挂着雕花板,古朴的气息扑面而来。到了二楼,那一方天地虽小，却居家似的摆放着雕花罗汉床、山西大立柜、明式酒桌、衣架、盆架，还有太师椅、茶几、提篮等，材质以榆木、柏木、榉木居多，显示着民间家具的质朴和自然。一张楠木半桌，桌面布满了疤结，分明经历了岁月的日磨月洗，古意盎然。

初入其中，我们惊喜交集。看店的营业员姓周，是个可爱的女孩，介绍商品十分细致，指指点点之间让我们感觉到这些老家具的神秘来历、独特工艺。我们慢走细看，这件山西万历柜和福建描金衣柜就在这时让我两眼发亮的。前者古朴典雅，后者华美喜气，两只柜子都充满了浓郁的民间乡村气息。

设计名师郑家和在我家居室装修中最精彩的一笔是将四室二厅分成主、客两区。封没客厅通卧室的门，在书房与卧室的墙体中央开了一扇对门。见到这两只柜子，我想如果将它们置放在对门两侧，书房就会更亮丽和生动。殷慧芬也心动，只可惜我们已经在青莲路的一家红木家具厂订购了两只博古柜，看来只能婉言去退掉。

万历柜又称亮格柜，集柜、橱、格于一体，是明式家具中较为典型的一种，既实用又风雅，很受当时文人喜爱。

我的这件晋制榆木万历柜高181厘米，宽86厘米，深51厘米，通体棕褐色的皮壳透溢着岁月的包浆。上部约占整体三分之一部分为亮格，亮格的左右各置喜鹊登梅的木雕。柜门下有暗仓。尤令人赞赏的是柜子前面的所有横档竖柱连同门框都为凹面，弧度优柔和圆润。亮格的壸门雕饰以花纹为分心，转角雕卷草纹，线条流畅优美，体现了古代艺人对家具制作的匠心。

王世襄曾为古典家具归纳为十六品，如果说这具万历柜有其中"简练""淳朴"之品的话,那么,另一具描金绘画衣柜则有"秾华""文绮"之美。

描金绘画衣柜高与万历柜相仿,略宽,论材质和年份,略逊一筹。但它的色彩、图案却美轮美奂。上端四块描金的木雕,分明是一部戏曲故事,依次排列着又像是四幅连环画。两侧的一副对联"云丝天孙织,霓裳月姝裁",再明确不过地叙说了它的功能,这十个篆体字,决不输给当代的一些"书法家"。对联周边的花饰喷以浅红、湖绿、金黄的细砂,更显其富贵气象。衣柜的四块门板又是四幅精彩的古代绘画,由于年代久远,其中的线条不乏模糊之处,但从图中的人物、场景,大体可以揣测是唐代大元帅郭子仪出征前告别家眷或凯旋时妻妾前来迎接的故事。选择郭子仪为此柜画面故事的主要人物大概是由于他的多子多福吧。即使是柜中的一些细小图饰,如荷盒(和合)、如意、蝙蝠等,也寄托着衣柜旧主人对美好生活的祈愿。

两具柜子被我们预订后,在店铺里存放了一阵子,营业员小周不时催促要送货。她说,喜欢它们的人太多,好多还是海外友人,再不提走,很可能就会被人横刀夺爱。

现在,两具古典家具陈列于书房,坐在书桌上写字作文的间歇,只要一抬头,它们便映入我的眼帘,像两幅风格不同的画。朋友们每每来访也都掩饰不了他们对这两具器物的喜爱。

作家、文博鉴赏家陈鹏举是我们的朋友。有次他与一位古典家具收藏家同来,看到这两件柜子便无法掩饰他的兴奋和激动,尤其是那件万历柜。收藏家忍不住用手一遍遍地去抚摸它,感觉其中的洼面就像在感觉美丽女子细润的肌肤。后来,在他编写的

《古典家具精品过眼录》中，专门把它拍成照片，收录其中，注明"楼耀福藏"。

鹏举也很喜欢那件万历柜。一次谈到陆俨少，他说他藏有陆俨少的书法条幅"月是故乡明"。我说："你又不是嘉定人，这样内容的条幅应该留在陆俨少的故乡。"他听懂我的意思，爽快地一笑："好啊，用你这件万历柜换。"

我无语，也无以爽快。

一位爱好老家具的作家说："老家具好比鸦片，一旦喜欢上它，要戒掉很难。"此话不假，至少我是这样的。

老家具给人以太多关于文化、历史、美学和其他的种种信息，值得深究的内涵实在太丰富。

由于喜好，几年来，家里已积了些老家具。每一件的来历都有着它的动人故事。面对这些家具，常常的，临睡时我还要将它们摩挲一遍。平日里，兴致一来，我就会驱车至旧家具市场，在满是灰垢的旧木器中钻进钻出地寻觅。周边的朋友受感染似的，有着同样喜好的越来越多。朋友一旦邀我去看老家具，我会放下手中所有事情，义务当向导和参谋……我痴恋其中，确是"上瘾"了。

老家具是"鸦片"。我们家最初的"鸦片"便是那具万历柜和描金衣柜。

2007 年 2 月

清代双拼圆桌

2001年,搬入新居后,《现代家庭》杂志介绍了我们的家庭装潢,标题也很贴切,《夫唱妇随打造"空间小说"》。于是,我们"喜格格"地老是请朋友们来喝茶、聊天。我和陈鹏举之间有个约定,他踏进嘉定城区,就要告知我。

一天中午,电话铃骤响。电话那头是鹏举的声音:"耀福兄,我在嘉定某饭店,你和殷慧芬过来吗?"与鹏举同在的还有画家黄阿忠、石禅等。他们在苏南某地参加笔会后返沪,途经嘉定,于是便有了鹏举履行"约定"的机会。

饭后,我请他们到我新居小坐。鹏举豪爽地要为我写字补壁,并向阿忠、石禅布置"作业"。鹏举后来为我书写的诗句"积雪峰上雪方滋,老竹窗前秋去迟,寂寞风吹虫化石,多情人对水横枝",潇洒豪迈,极美。石禅也送来两幅书画斗方。那天,鹏举在欣赏了万历柜等老家具后对我的硬木餐桌发表了看法。

"换掉,换掉。"他的口气毋庸置疑,没有一点商量的余地。我有点不舍,毕竟这套餐桌和座椅价格不菲。

鹏举说,关键是这套桌椅放在这里不合适,价格再贵也没有意义。

为了证实他的论断,两天后,热心侠肠的他带了对木器有研究的朋友。朋友的观点与鹏举一致。

于是，这套餐桌椅成了我的心病，放在家里仿佛满是缺点。体积庞大，三四十平方的客厅并不算小，但这套餐桌椅的置放却要占去它"半壁江山"；没有亲和力，全家围坐在这张餐桌用餐彼此分得很开，这边的人要吃那边的菜觉得很远，要把筷子伸得很长……

换掉它成了我和殷慧芬的共识。我们把置换餐桌的任务交给了崇徽堂汪顺富。一天，他很兴奋地打电话来，"楼大哥，我给你找了一个圆台，榉木的，很漂亮，你来看一下。"当天，我就驱车前往。

这张圆桌由两个半圆桌相拼而成，直径109.5厘米，高83厘米，榉木那淡雅高洁的纹理毕显无遗，两张半圆桌桌面均为独幅木板，纤细而变幻的木纹显示着圆桌旧主人崇尚自然的审美情趣，三弯腿做工精细，六条桌腿间安有弧形长枨，内镶人字纹底盘，简洁、美观而又起到稳固桌体的作用，桌面下束腰处有六个暗屉，束腰下的牙板雕有明快流畅的几何卷纹。

我和殷慧芬细细围看了几遍，喜欢之情已油然而生。

我想起在《精品古家具过眼录》一书中，我也见过一张双拼圆桌，收藏者署名为"陈杏珍"。陈杏珍是鹏举的母亲，我见过她，慈祥而富态。我因此而对鹏举说："你老娘很有眼光的。"鹏举不无得意："当然。我老娘是大户人家出身，她见识过的。"他说书上的那张圆桌还是他母亲在仓库的杂乱角落中发现的，当时还很破相。他的那张圆桌是核桃木的，而现在的这张是榉木的，典型的苏作。

"楼大哥，这张圆桌不会输给陈老师的那张。陈老师的那张我知道。"小汪如是说。这张圆桌我是要定了的。我要小汪开价。

"一万二。"

"可不可以再便宜些?"我与小汪讨价还价。从小汪的脸色中似乎还有可松动的余地。小汪迟疑着。

"这样的桌子,一万二,你还好意思还价?"半路里突然杀出个程咬金。

我回头一看,是一个同喜老家具的朋友。

"你啥辰光来的?"我问。

"我这里一个星期、十天,最多半个月,总要来一次的。"

"我和小汪谈价钿,老正常的,你倒撬边做啥?"

"不瞒你说,我早到一步,这只圆桌就轮不到你了。"于是这位朋友说出这张圆桌的许多好处来。他说在他过眼的圆桌中,这么完整,无论在款式、材质、年份等各方面,它都应该在前几位。他还兴师动众地叫工人把圆桌搬到屋外阳光下,用袖珍相机对着它横的竖的拍了好几张照片。

到了这个地步,我自然一分价钱也还不了了。

事情还没有结束。在这张圆桌送到我家之前,一位客人看到了,要求小汪原封不动地仿制一件,小江是个仿作能手,那件仿制品小汪后来也卖了近万元。识别小汪的圆桌是否复制品,最直接的方法是看有没有暗屉,因为制作麻烦,复制品全无暗屉。

据小汪说,后来还有人愿出价两倍三倍,要我转让。我听了,付之一笑。

关于双拼圆桌,民间还有传说,古时苏皖等地,男子外出打工,妻子就将两个半圆桌靠墙分置于堂屋两侧。逢年过节,男子回到家中,孤守寒舍的妻子就会抱两个半桌合拢,意喻阖家团圆。

现在,这张双拼圆桌放在我的厅堂里,从未分开过。

客厅是长方形的,桌是圆的,方中有圆,体现了刚柔相济的审美取向。每天,我在这张清中期的圆桌上吃泡饭、喝茶,有着一种别人很难体味的悠然与惬意。

儿子从市区回来,一家人坐在圆桌周围,团团圆圆和和美美的,更有一种天伦之乐的幸福感。

2007 年 7 月

徽州木雕之美

有一年，殷慧芬去安徽敬亭山参加笔会，回来时带来了一块小小的木雕花板，宽28厘米，高14厘米，薄薄的，显然是从旧窗上拆下来的。她说是在绩溪买的。

这次笔会是老作家鲁彦周组织的，同去的还有邵燕祥、王火、吴泰昌等大家。我问她这花板花了多少钱，她说八百。我说贵了。她跳起来，"你看这雕工多好，人物一个个活灵灵的，山山水水雕得多有层次！这是正宗的徽雕。徽雕，你懂吗？"

我细看，六个古人确实个个栩栩如生，四人站在岸边桥头，欢呼着迎接坐在船头的一位少年，船尾是一摇橹长者。这位少年大抵是中了进士衣锦还乡，抑或是吉祥、财富、好运的化身。木雕的精细处，不仅在于人物的神情惟妙惟肖，而且就连船篷这样的细节也处理得十分精致，竹编竖横交错的纹路毕显无遗。看了这块花板，我才知道除了浙江东阳外，徽州木雕也同样出色。

徽州被誉为雕刻艺术之乡，石雕、砖雕、木雕、竹雕自古闻名遐迩。已被列为我国非物质文化遗产的嘉定竹刻，其开山鼻祖朱松邻也来自徽州。一件明清时期的嘉定竹刻，现在已价值连城，我们在欣赏和赞叹嘉定竹刻的华美精致的同时，应该同样赞美徽州木雕的不凡。徽雕的出色，源远流长。这件木雕花板后经鉴定，其木料为红豆杉。

我开始关注徽州木雕。

2005年春,我去崇徽堂,店主小汪是徽州人,原是晋元阁老板老戈帐下的厂长,晋元阁在吴中路上消失以后,小汪自立门户,当起了掌柜。旧家具的来路除了原先晋元阁的"晋"之外,还有崇徽堂的"徽"。在他满是灰垢的库房一角,殷慧芬发现了这件来自徽州的雕花供桌。小汪拿来了手电筒,照着镶在门面上的木雕。"你看看,这人物,这花卉,这喜鹊、凤凰,一个个都像活的。"他像遇到知音,忍不住内心的激动,叙说着这具樟木雕花器物种种的好,"好东西。大哥大嫂眼光好哇!这东西可以进博物馆的。有个日本人出几万我都没卖。卖到国外我就看不到了。你楼大哥要,便宜些,我也卖。这东西留在你那里,我到嘉定来时还可以看看。"

确实是件精品,门面大大小小地镶嵌了十五块透雕花板,其中五块是人物雕,内容涉及戏球、放风筝、采花、吟唱、刘海戏蟾等,动作舒展,表神生动,投手举足之间透逸出古人对美好生活的向往和迷恋,看来古人也是讲究"和谐"的。雕工十分精致,连风筝上的一根细细的弯弯的拉线、公鸡层次分明的羽毛、花草叶瓣的纹路都刻得细腻入微。整体完好无损。

顺着小汪手电筒光束的不断移动,殷慧芬比我先动心,"买下来。"她说。

至于日本人要买这件供桌,后来我在别人处证实过,确有其事。

王世襄1957年在《呼吁抢救古代家具》一文中指出:"中国的古代家具受到世界各国的重视",但我们自己却"重视得很不够","长时期以来,不但没有去保护它,收集它,研究它,而是大量地被卖到外国去或大量地被摧残毁坏"。王世襄说:"解放以后,文物法令中规定古代家具禁止出口,所以被卖到外国去的情况基本上扭转了。"但仍有漏洞,黄花梨家具不得出口,铁梨木家具却准许出口。针对此状,王世襄特别指出:"不应当机械地以木质来定能否出口。"

近些年来,越来越多的外国人已将目光投向中国古代家具中的白木精品。在跨越了近半个世纪之后,我体味到世襄老人当年的呼吁在今天仍应引起有关方面的重视。

我不知道小汪是否看到过王世襄编在自选集《锦灰堆》中的这篇文章,但小汪不愿将这件徽雕精品高价卖给日本人的做法是合了王世襄老人心意的。

现在,这件雕花供桌靠墙置放在我家餐厅里。自从大餐桌换成圆台后,餐厅的空间大了许多,安置这样一件古家具,地方并不显得拥挤。供桌上面放一只我和殷慧芬三十多年前结婚时她大姐送的三五牌老式座钟和几件我们所钟爱的竹木雕件、龙泉青瓷、申窑瓷器,整个氛围祥和古朴。每每我坐在圆桌旁喝茶,目光总被那一组精美绝伦的木雕所吸引。

后来,我又从小汪那里购得几件老家具。小汪每次送货来,一进门就说:"这不,我又看到它了!好东西。别人出什么价你都别让!"

2007 年 7 月

天圆地方话圈椅

在古典家具的座椅类中，我很喜爱圈椅。

圈椅又称"太师椅"，传说宋代有个叫吴渊的京官为奉承当时任太师的秦桧而专门制作的，也是中国唯一以官衔命名的家具。

有人认为圈椅可与青铜器、唐诗、宋词、元曲、景瓷媲美，可载入中华艺术史册。我想不无道理。作为明清古典家具的代表，圈椅古朴典雅的造型，简洁流畅的线条，精美绝伦的制作技艺，每每使我在它面前驻足不前。流畅的大圆弧，显示"君子坦荡荡"的大家气度；按人体的脊椎设计的椅背成一定的弧度，完全符合人体仿生学的原理；结构上，大圆弧的榫卯镶接得天衣无缝，椅圈粗细匀称，多一分显粗，少一分太细，恰如一位美女子，胖不得瘦不得；那带有椭圆形的圆，扶手与搭背一气呵成连成一体，久视这美妙的圆弧，我常会把它与瑞士名表欧米茄的标记连在一起；三维空间的完美结合，给任何一个爱美的人以无限的艺术想象空间。

因此，喜好古典家具的我一直想拥有一对圈椅。黄花梨、紫檀，即使是老红木做的老圈椅，我不敢奢望。此类圈椅在近些年拍卖会上的价格节节攀升，价格之高令我可望不可即。我把目光投向白木圈椅，榉木、榆木、核桃木的，都可以。

一次，我在友人的办公室里见到一件榉木老圈椅，构件由于年代久远已有所松动，但它呈现的优美线条仍让我连连称道。我问他如何得到此件的，他说单位搬迁时有人嫌它破旧，扔在仓库里的，他是捡来的。我听罢充满妒羡，心想天下怎么还有这样的好事！

2006年春天，上海举办中国古典家具博览会，全国各地的古典家具商云集在上海展览馆。我和几个朋友在开幕式当天下午就直奔展览会，圈椅无疑是我主要的猎取目标。

有几具圈椅价格不贵，但细一打量，却是做旧的仿品；真正的有些年份的，开出的价格又令人咋舌。有家店主，为了证实他的圈椅是老的，故意将未整修过的破圈椅扔在走道的醒目处，一问价格，仅一把就要价五千，还不包括整修费。在一家古典家具铺面上，有一对圈椅，我看了觉得尺寸小，而且花饰太繁琐。老板来自山西，他是看"晋元阁"在上海发达了，也来这"十里洋场"经营这行当。他看出了我的迟疑，说："我家里还有一对，比这大，图案花纹也简洁，什么时候过来看看。"

第二天我与殷慧芬冒雨赶到华翔路上的这家旧家具店，山西老板果真从阁楼上搬下一对圈椅，初一看也正如他所说，稍大且花纹简洁。"你看扶手的线条，多美！"他说着，报了一个价格。这价格是我可以接受的，但我担心是新做的仿品，于是翻来翻去地看，没发现破绽，只是那山西老板夸赞的扶手我稍觉别扭。殷慧芬说：你喜欢就买下。半个月以后，"崇徽堂"小汪到嘉定来送货，我请他看这对圈椅。他一看笑了："这扶手是新做的。"他说了其中的缘由，说是原先的椅子不一定是圈椅，只因近几年圈椅走俏，有人就在老椅座上换新做的圈椅扶手。"楼大哥，你要圈椅，我给你找。你一定满意。"他说。

现在我家的一对清代榆木圈椅就是他为我物色的。它不奢华，但圈椅所有的要素它都具备了。明式圈椅一木连做，不做束腰；清式圈椅常带有束腰，一木分做，座归座，扶手归扶手，上下连接为座椅。圈椅简于明而繁于清。我家的这对圈椅，正具备造型简洁明代家具的特点。这对圈椅用材光素，扶手端头顺圆势略向外转，像张开的双臂，虚怀若谷；背板呈C形弧度，中间透雕简单的花纹作点缀；步步高脚枨，寓意事业节节高。椅背上还隐约可见昔日的墨痕，可见确是民间殷实人家所用过。

天圆地方是我国文化中典型的宇宙观，不但建筑受其影响，而且渗入明清家具的设计，尤其是圈椅。圈椅，圈是圆，座是方，上圆下方；圆是圆满、柔和、幸福，方是稳健，是要有规矩有原则，而这也正是我为人处事的准则。

2008年3月

清代楠木圆角柜

一日，友人蒋琼来访，我显宝似的请她观看家中的老家具，其中有《新民晚报》"民间收藏"版介绍过的清榉木双拼圆桌，有《文学报》"作家生活"版介绍过的清代榆木万历柜，更有我自认可进博物馆的徽州木雕供桌。蒋琼是个古典家具收藏家，阅木器无数。巡视一周之后，她说这些家具固然都好，但她最喜欢的却是一件并不起眼的清早期楠木圆角柜。

此柜高128厘米，柜顶45×78厘米，足底47×82厘米，上窄下宽，呈A字形。因此圆角柜又称"大小头"。

此柜四框和腿足用一根木料做成，柜的外角被打圆，腿足也随形做成圆角。因此圆角柜又可称"圆脚柜"。

此柜收分明显，对开两门，以纹理美观的整块板镶成，门边较窄，板心落膛镶成，宛若条形面叶。因此圆角柜又多称为"面条柜"。

王世襄在《明式家具珍赏》一书中说："圆角柜有的两扇门之间无闩杆，名曰'硬挤门'。有的有闩杆加锁时可把两扇门与闩锁在一起。其中较小的圆角柜，柜门下缘与柜底平齐，不设柜膛。"此柜无闩杆、无柜膛。

面条柜的设计运用了重心偏里的物理原理，打开柜门后，在没有任何外力的情况下，门会慢慢地自动关闭，很神奇。面条柜的柜门与柜框连接不用合页，而采用门轴形式，转动灵活，便于拆卸，显示了古代工匠的精湛技艺。

此外，因为下宽上窄，它的视觉稳定感非常好。

由于面条柜的设计理念非常科学，与众不同，所以它在中国古代家具中被视作最有代表性的作品，也为西方人最为青睐。曾在故宫办过"永恒的明式家具——侣明室收藏展"的比利时著名收藏家菲力普·德巴盖先生在搜集古典家具的过程中，结识了香港嘉木堂伍恩嘉小姐。伍恩嘉清楚地记得，菲力普从她那里买走的第一件家具是黄花梨"面条柜"。

癸未年七月，有友将其新著《精品古家具过眼录》赠我，书中用一章篇幅专门介绍陈鹏举的一件明代榉木圆角柜，匠心别具地配置了鹏举书房实景照片。此柜与明式画案、圈椅在书房中交相辉映，古意盎然，让我观之怦然心动。

此后，我屡屡奔波旧家具市场，心仪许久的面条柜是我想猎取的目标之一。在购置此柜之前，有两件面条柜让我曾经心动。之所以未买是因为其中一件为老料新做，最后未能逃脱"行家"法眼；另一件虽为老货，但整修时后补的内容较多。此柜是我在华翔路协源古典家具店购置的，老板小陈同时还推荐了另一件楠木柜，虽较此件干净，但因"大小头"和"条形面叶"均不明显，思考再三，还是选了此件。它虽不起眼，但除底枨下牙头是后补的，其他都还属"原汁原味"。

面条柜简洁朴素，庄重和灵秀浑然一体，有增一分则肥，减一点则瘦，气韵生动，令人赏心悦目。正因为此，它流传至今，倍受世人喜爱。

我现将此柜安置在客厅一角，与清榉木双拼圆桌和徽州木雕供桌彼此呼应，柜内放了几匹在农村收来的手织土布，柜顶铺江南蓝印花布，摆友人相赠的景德镇中国工艺美术大师刘远长的作品《福寿富贵》和当代嘉定竹刻代表人物张伟忠所赠作品《荷塘清趣》。

柜子上方墙上是陈鹏举书写的诗句："积雪峰上雪方滋，老竹窗前秋去迟，寂寞风吹虫化石，多情人对水横枝。"

因为此柜，居室的气息更为逸致脱俗。

2008年9月

江南丝竹中的和美音符

前不久,应邀游赏苏州画家叶放的私家园林"南石皮记"。幽雅精致的庭园廊檐下随意置放了几件苏作古典家具,点缀其间,犹如一曲江南丝竹中的和美音符,使我这个明清家具的"粉丝"怦然心动,难以释怀。

中国古代家具有京作、广作、苏作、晋作之说。苏作家具没有京作的皇家豪华之气,也没有广作的商贾富贵之气。它精巧、秀丽、轻简、素雅,透逸着江南特有的文人气息,深为我所钟爱。

明清时期,有天堂美誉的苏州,是我国江南地区经济发展的中心,生产的丝织、刺绣、印染、红雕漆器、竹刻、琢玉、家具和桃花坞木版画等,遐迩闻名。"江南之侈,尤莫过于三吴","吴制器而美,以为非是弗珍也……"(明张瀚《松窗梦语》)。

所谓制器,自然包括家具制作。苏作家具风格的形式,除了社会经济因素之外,更由于苏州特定的人文环境。在明朝276年的历史中,苏州地区的进士多达1025人。文人荟萃,雅士云集,文学上有归有光、顾炎武、王世贞、钱谦益、冯梦龙,书画上有吴门画派、吴门书派、松江派、虞山派,沈周、文徵明、唐寅、仇英久居苏州,造园更为当时苏州的一种时尚,大小园林有两百多处,秀甲天下。诚如清代诗人沈朝初《忆江南》所写:"苏州好,城里半园亭。"士大夫们寄情山水花草,追求高逸脱俗的意境,对苏式家具产生潜移默化的影响。现存姑苏庭园中的明式家具,无不造型简练,朴素大方,古趣淡雅,与小桥流水、江南人家有着极为融和的韵味。

近些年每每涉足古典家具市场,我最关注的当数苏式家具。我曾在《清代双拼圆桌》一文中所津津乐道的器物便是典型的苏作。我另收藏的两件苏作也为我所十分喜爱。

一件为清代榉木条桌,长 227 厘米,宽 49.5 厘米,高 86 厘米,桌面为独板,木纹表现力非常夸张,纹路起伏有致,像一幅精美的山水画。造型和做工充分体现了当年能工巧匠的精心。我最欣赏的是此桌的边沿牙板,所选的材料不大,然后用榫卯连接,制造出线条优美的拐子龙结构,精美绝伦,把苏作家具的特点演绎得淋漓尽致。

这件条桌是我在华古古典家具公司购得的,华古公司的掌门人蒋琼是个年轻漂亮的女子,因为喜欢文学,与我们成了很好的朋友,她亲切地称殷慧芬为"殷姐"。华古公司在南汇老港,那天,我从嘉定驱车前往足足开了两个小时。同去的崇徽堂小汪是我此时的购置"顾问",对木器见多识广的他在华古八千多平方米的厂房仓库里发现此条桌,可谓独具慧眼。小汪无法掩饰他对此桌的喜好,悄悄地说:"楼大哥,你把这条桌要下来。"我稍一迟疑,他又迫不及待地说:"你不要我要。"

我仔细察看此桌,两端的线条、牙条中镶嵌的卡子花、腿脚上雕刻的卷纹寥寥几笔都处理得异常精细,难怪小汪有点激动。我当然不会拱手相让。

另一件清代金丝楠木炕桌也是在华古购得的。那是2007年初夏,上海再次举办古典家具展览会,蒋琼专门为我们寄来入场券。在华古的展位上,我一眼相中此件炕桌,长77厘米,宽50厘米,高28厘米,独板光素桌面,牙板的工艺与榉木条桌相仿,榫卯连接,拐子龙结构,连接两端拐子的线条十分精致。同是拐子龙结构,但在处理上却与条桌完全不同。华古的有些展品是只让看不想卖的,此件炕桌是蒋琼十年前收来的,一直没有出让的意思,此时见楼大哥爱不释手,只得割爱,惹得与我同往的朋友十分妒羡。

我没有马上取走此桌,比我晚到展场的许多古典家具爱好者见到后也很眼馋,其中有画家石禅的一个学生打电话来要我让给他,我自然不会答应。后来听蒋琼说,有个台湾客竟以高于我三倍的价格欲横刀夺爱。蒋琼很信守诺言,说她既然答应了我,就不会再卖给别人,哪怕价钱再高。

苏作家具正在被越来越多的人所青睐,有位上海人留美回来,卖掉自己的高科技公司,花费几千万元,搜购数百件明清家具,筹建江南明式文人家具博物馆。这些家具多为苏式,源自苏州东山等地。据《南京日报》2008年1月15日报道,爱涛拍卖行开辟明清苏作家具专场,从苏南各地搜集了近百件苏作家具上拍,吸引了各地不少大收藏家,美国加州中国古典家具博物馆馆长柯蒂斯也专程来南京,拍得了好几件珍贵家具。我的朋友、申窑的创始人罗敬频许多年前购得一张苏作榉木大画桌,现陈设于朱家角的申窑展厅,其线条简洁流畅,造型典雅古朴,每次与他谈及古典家具,他总无法掩饰对此桌的宠爱。前不久他告诉我,沪上一大画家相中此桌，愿以画作置换，罗敬频笑而婉拒。

这么多人尤其是文人雅士醉心苏作是有缘由的。

古代文人素有"丹漆不文，白玉不雕，宝珠不饰，何也？质有余者不受饰也，至质至美"的美学传统，苏式家具的纯朴古雅、"天然去雕饰"、强调天然材质的气韵生动，正合古今文人的审美取向。

苏作格调大方，素洁文雅，没有什么繁杂的雕刻、镶嵌，即便是雕刻、镶嵌也很朴素，简约。苏式家具比例尺寸合度。它的空间尺寸，都经反复推敲，增一分则长，减一分则短。不论是部件断面、局部图案，还是整体造型，苏作家具都呈圆浑柔润状态，如上述楠木炕桌，面与脚的结合处一块横档被制作成圆角，给人一种自然圆润的美感。苏式家具"惜木如金"，能工巧匠在落木用料时十分用心，精心套用，连很小的木片不但都能尽其用，而且恰到好处，在起到稳固作用的同时，显现着明式家具优雅的光芒。

苏派工匠的鬼斧神工、天衣无缝的工艺技巧，令人叹为观止，醉心不已。

2008年6月

恰似那里的山山水水

读陈鹏举所赠新书《文博断想全集》,见《着眼山西》中曰:"中国家具的制作主要是苏州、山西两大作派",很有一番感慨。之前笔者所见关于家具流派的见解,多言苏作、京作、广作三大派,也有把晋作列入其中,称四大派的。鹏举把京作、广作搁置一边,直截了当称"苏州、山西两大作派",见解独到,勇气可嘉,更是直抒了他对苏作、晋作家具艺术的喜好。

任何艺术品,艺术性总在首位。山西家具多柴木,用料虽不及紫檀、黄花梨名贵,但丝毫无损其艺术品位。柴木的丰富资源,鼓励着工匠艺人们不拘一格地大胆创新,演绎出晋作多姿多态的艺术造型。王世襄的入室弟子田家青说:"收藏家具不应只看木质,尽管木质是个重要方面,还要看造型、年代、结构、做工及凝聚的文化内涵。"这也许是鹏举把古家具归纳为苏作、晋作两大派的缘由。

读完《着眼山西》,我细细盘点近些年的搜罗,再次惊讶不已,这些旧货多是苏晋两地的作派。

是与鹏举无独有偶、英雄所见略同,还是无意中的巧合?我不得而知。晋作对我与鹏举的魅力却是不争的事实。我早些年觅得的清凹面榆木万历柜,鹏举居然愿以陆俨少的字来换。而鹏举髹黑漆晋式方桌,购后一直置于崇徽堂。我每至那里,总会身不由己地在桌边抚摩。一日，鹏举取走此桌，我在崇徽堂顿觉惆怅。

喜古典家具的朋友圈里，常有动人故事发生。今细究之，这些真实故事居然多少与山西家具有关。

青浦画家石禅在崇徽堂看中一件清榆木平头案，但此件已被殷慧芬的小姐妹订购，石禅得知后，连着打电话来要求转让，有点非要不可的口气。他说："我为她画幅画怎样？你们再跟她商量一下，那案几放在我画室里尺寸正好。"

我一愣，2003年秋天，石禅在刘海粟美术馆办过一次画展，那天海上画坛名流云集。就在这次画展上我知道了石禅画的价格，近两年行情上涨，石禅的一幅四尺画市值已不在那平头案之下。看来石禅着实喜欢那案几。

好像做媒似的，我们与买主一次次周旋商量，电话中我们说石禅画的文人气息、市场价格。那小姐妹总算同意了，咯咯地笑着："那么我白赚一幅画了？看在阿姐和姐夫面子上，告诉石禅'好咯'，画好了叫他打电话给你。"

石禅为她画的是他所擅长的石榴，四尺斗方，很美。

石禅以画作酬费尽心思，正是为这晋作老家具。

我在嘉定马陆的朋友二马第一次去崇徽堂，琳琅满目的古典家具使他眼睛发亮，一口气他订下了近五万元的货，有书案，有四出头官帽椅，多为晋作，最注目的他拿下了一对晋式四平大柜。大柜高217厘米，宽117厘米，厚59.5厘米，连柜周的框柱的宽度都在13—14厘米之间，三面用料全是独板，雄浑质朴，酱色的皮壳透着圆润的包浆，柜门的铜件泛着青绿，柜子下端镂有 13 只灵动的幼狮,手笔洒脱。这对清中期的大柜原是晋地商宦家的旧器,我也曾对它动过心,只因居家空间不够高敞,只有心动没有行动。二马在马陆有一套农民别墅,购此柜时,他毫不迟疑。

送货那天,他让我到现场参谋如何安置。谁知我对他的整个居室装修大发议论,指手画脚地要他敲掉重来,否则与那晋式大柜不配。他愣愣地对着我发呆。

一个月后,二马再次邀我去他家。一踏进大门,旧貌换新颜。他的夫人很客气:"请坐请坐,现在好了,人家讲我们家里像刘文彩一样。"原先不甚融和的装潢被二马果然敲掉,两件晋式大柜并排置于厅堂醒目处,豪气不凡。我听二马说过,他本对家里的装潢就不满意,只因是他小舅子的"作品",夫人不赞成敲掉重来。我问他:"这次怎么被你敲成功了?"他说,趁夫人去上班,雇人敲的。一天,夫人调休在家,工人们照例来敲。二马没让工人进门,说是今天不敲了,但工资照发。我问:"你夫人后来倒没意见?"他说:"生米烧成了熟饭,再讲她回来一看,比原来确实好,她再响啥?"

二马大兴土木,大动干戈,冒着与妻子可能反目的风险,图的就是为那豪迈浑朴的山西老家具!

山西老家具的魅力无法抵御。

我在崇徽堂见过一对圈椅,皮壳红润,想来也有点年份了,店主小汪的报价便宜得让我吃惊,我以为看走了眼,把新货当老货了。小汪却笑道:"你看那椅圈,大得离谱,山东人个子大,也不能把椅子做得比例失调啊!"原来是山东家具。

清早期山西榆木酒桌

我还曾购过一对产自陕西的南官帽椅。当时看看没什么特别不好，回到家却越看越别扭，好端端的椅面与牙条之间画蛇添足般地镶嵌了一块 10 厘米见宽的木雕花板，雕工虽还可以，整张椅子的比例却因此不对了，矮脚虎似的让人看了难受。

这种比例失调，使家具没了美的形态。我把它称作"失态"。山西家具是绝不"失态"的，这就是它的格调明显高于北方其他地区家具的标志之一。山东和山西，陕西和山西，虽一字之差，其家具的品格、韵味却不可同日而语。

晋作含蓄简约，做工堪与苏作相比，都有增一分则长，减一分则短的共同魅力。我曾购过一件清核桃木翘头案，崇徽堂小汪在推介时就夸它的做工。

"南花梨北核桃，山西人把核桃木作为黄花梨的替代品，你看这案子，一木连做，多精细，黄花梨做工呵！"

我本喜核桃木家具，核桃木木质细腻、柔和，有玉质感，打磨、蜡染后发散着硬木般的光泽，远看与黄花梨相似。此案木纹流畅、具浅黄细丝般的年轮，显示着独特的高贵典雅的材质美。做工又确精细，束腰、开光、起阳线、抱肩榫，每一处都经反复推敲，精密巧妙。

我购下此案后，置于客厅，一端放几本近期翻阅的书，另一端是一溜茶缸。书、茶、老家具，主人的喜好一览无余。

明清时期，晋商在聚积财富的同时也形成了他们对家具很高的要求，他们从全国聘请最好的工匠，再加上晋地历史上文人辈出，文人参与家具设计，使山西家具在制作考究的同时，文化色彩浓重。

较之苏作，晋作更大的区别是它的雄浑苍凉、豪放粗犷。以友人那对四平大柜为例，此柜体量朋硕、沉穆劲挺、框厚板实、大边坚梆，其用料出手之阔绰，在惜木如金的苏作中是无法体验的。

我曾购过一张榆木酒桌，整个款式、风格很明显地透逸着明代山西家具的韵味。这酒桌是殷慧芬在"龙旺"古典家具店发现的。"龙旺"店铺租的是一个工厂厂房，很高，老板搭建了一个大阁楼，楼下置放商品，楼上就像仓库。这张酒桌堆积在楼上，搬到楼下亮处，我看了也很喜欢。

同样是方桌，苏式的八仙桌腿间拐子龙枨子多为短料拼接，而晋式的罗锅枨则一气呵成，更具气势。我后来购的与鹏举那张相仿的黑漆方桌一腿三牙，罗锅枨，霸王枨，明式方桌的构件一应俱全，错落有致，又不显繁赘，虽为清代器物，却具明时风韵，尤其是8厘米宽的腿足起凹面，四角起阴线，使这浑厚中平添几分精细。

晋作与苏作的另一区别是用料。晋作以榆木居多，苏作以榉木居多，即所谓"南榉北榆"。苏作因榉木纹饰华美，很少髹漆，晋作则因多榆木，制作时喜髹漆。我拥有的一对晋作南官帽椅，椅高104厘米，坐高52厘米，长58厘米，宽45.5厘米，扶手高20厘米，扶手中间的联帮棍上细下粗呈螺旋状，椅脚与靠背、扶手边框一木连做，上半部为圆木，下半部腿足则作外圆内方处理，制作精巧。此椅靠背与券口牙子髹红漆，靠背除镂空透雕外，不但髹红漆，而且用金粉描绘花饰。岁月已将描金洗刷得很淡，但其中仙鹤花卉还依稀可辨。风格高古，又富文人情怀。

与京作比，山西家具没有宫廷太多的制约，想象力更丰富，制作也更洒脱，就像京作是讲究声律的古诗词，而晋作则为回荡在黄土高原的豪放民歌。

同喜晋作，我与鹏举也有区别。我的搜罗以中小件居多，鹏举更喜大件晋作。

每次去崇徽堂，见有让我心动的晋作大件，如3—4米长的大翘头案、2米多高的楠木大柜，小汪都说鹏举已订购。在晋作大件面前，我常为它的安置而瞻前顾后，鹏举却义无反顾。只要美，他拿下再说，体现了他的执着与痴情。我曾问他："这些大家伙你放哪里？"他回说："我总有办法。"后来，我在朱家角申窑展厅见到他无偿让罗敬频使用的3米长的清翘头大案，才恍然知道他那些大件的去处。

山西家具雄浑、质朴、内涵丰富，一如鹏举外表高头大马，肚里是倒不尽的墨水；又如他的文字、他的书法，浩浩荡荡、圆融遒劲，却极耐看。

有行家认为山西家具与那里的传统建筑有着许多共同之处，而鹏举则更开阔。他说："晋作工苍苍茫茫，好比山西的表里山水。"此话太形象，就如苏作家具好比苏州园林，山西家具注定是和那里的山山水水血脉相连的。

许多年前我出差晋南，从西安经华山、司马迁祠墓，过风陵渡，见着临汾壶口瀑布、蒲津渡遗址唐开元大铁牛、芮城永乐宫斑斑驳驳的巨幅壁画……每到一处，景色让自己也豪迈起来，那种荡气回肠的激动，至今难以言喻。此时，我独处书斋，手抚晋人的旧作器，看着那如同黄土高原老人脸上皱褶的木纹，眼前就浮现那里的苍山大川、磅礴气势，与苏州的楼台亭阁、杭州的柳浪闻莺全然两个天地。

2008 年 10 月

绘刻文人画的书柜

文人在紫壶上刻字绘画，人称"文人雅壶"；在瓷坯的釉上釉下绘彩，人称"文人雅瓷"。如今见这文人绘刻的榉木书柜，我竟一时无法称谓，称"文人雅柜"，觉牵强附会，世人书柜多为文人所用，无画的难道就不雅了？思量再三，还是具象些，称"绘刻文人画的书柜"。

此件书柜高176厘米，宽109厘米，深54厘米，正面柜门与两侧均为独幅板材，两扇门板的木纹一模一样，证实其由一棵榉树所截。榉木因其流畅华美的木纹，深得江南文人在家具制作中的青睐。上海有个从美国留学回来的企业家，卖掉自己的高科技公司，花费几千万元，搜集数百件明清家具，筹办"江南明式文人家具博物馆"，他的罗汉床、四出头官帽椅、明式膨脚马蹄足琴桌，用料皆为榉木。此人曾以王世襄《明式家具珍赏》一书第213页的"明榉木圆角柜"与第212页的"明黄花梨圆角柜"相比较，在肯定黄花梨柜不凡价值的同时，更喜爱榉木柜的细致精雅工艺、柔美内敛色彩和宛如"晚风轻拂湖面的涟漪盈盈"的纹理。

我的这件书柜的两扇门颇为别致，上面分别绘刻两幅水墨小品，每幅38厘米见方，一幅题为"暗香疏影"，梅花数枝，果蔬数枚，自有一派幽韵淡雅；另一幅无题，其中水仙石榴山石盆景，有一番出于林泉入于雅室的雍容气度。绘者落款："吴门一峰"。

在家具上绘图镂刻，并非罕事，只是先前所见橱柜绘刻者一般多为匠人工笔，题材也多为戏剧人物，如我收藏的福建描金衣柜便是郭子仪的故事，其他也以明暗八仙、渔樵耕读等内容居多，意在祈求瑞福、吉祥，讨个好口彩。在绘刻手法上，以前所见之橱柜多为描金绘彩，此件则不同，绘者在门的上部选尺余见方，涂黑，在黑底上以刀代笔阴刻梅花水仙，黑白映衬，恰如水墨写意，很有书卷气息。我无以考证"吴门一峰"是何许人，是否曾跻身"吴门画派"，但此人为苏州文人却是一定的。此柜的年份并不久远，我揣度多为民国初期，约与吴湖帆同时代。

觅得此柜，我不得不说一下苏州地区的文化重镇常熟。我在嘉定寓居几十年，在毗邻城市中，常熟深为我所喜欢。这不仅因为常熟有山有水，虞山和尚湖的美丽总让我赞叹大自然的造化；也不仅因为那里曾诞生的言子、黄公望、翁同龢，让我对它心生敬意。更因为"清六家"之一的吴历曾在嘉定传教二十余年，嘉定李流芳、程嘉燧与钱谦益、柳如是曾来往颇频，互为唱和。两座文化古城在历史上你来我往的许多美丽话题，让我常去常熟。常熟，是我除上海外去得较多的城市之一。

常熟也有让我抱憾的事。彩衣堂附近有个古旧文物市场，以地摊居多，不值得细看，倒是周边的几家小店有时还有些东西。2003年，我在一家店铺里见得两件绘刻文人画的榉木书柜，与我收藏的此柜相似，柜门约三分之一部分涂黑，绘刻兰花、竹枝等水墨小品，我很喜欢，店主开价每件2500元，不贵。当时仅因运载不便，未买。2007年，我又光顾这店铺，柜子仍在，想着上海市场老家具价格的窜涨，又心生买意，问价格，店主开价每件1万元。我说："三四年前，价格才2500元，现在怎么要1万了？"店主说："那你当时为何不买？"我无言，想着它比上海都贵，只得作罢。

一个偶然的机会，我路过华翔路，在"协源"古典家具店逗留片刻，见此水墨绘刻的书柜，心动，问老板小陈价格。小陈与我交往多年，有次还邀我去他在泗泾的新居做客，临别买了小镇有点名气的粽子相赠，彼此已很熟，见我有意此柜，开了个我可以接受的价格便成交，也算聊补我在常熟的遗憾。

购得此柜后，因部件有少许松动，我请崇徽堂小汪整固。一日有友在崇徽堂见之，心动欲购，小汪大笑："这柜子是楼大哥让我整的，我怎么卖给你啊？"此人便是《古典家具精品过眼录》的作者，见识过的明清家具不在少数。

我当然不会转让。我喜欢此柜的另一原因，在于它的不可复制性，就如文人在瓷坯、紫壶上写字绘画，成品后不可复制。书柜的大小式样可仿制，文人的率性笔墨即使是本人再绘一遍，也不会相同。当然，笔墨绘刻如果出自名家腕底，则更为绝妙。

刻壶绘瓷，乃至竹刻、题匾，屡见大家手笔，如昔日唐云、江寒汀、程十发等。只可惜，家具制作中我至今未见大师刀笔。

2012年3月

茶桌及其他

茶与老家具，像两条清泓的溪水在我的生活中流淌，它们也有相聚时刻。茶桌、茶几是它们相聚之处。

茶桌、茶几，这些承载茶叶、茶水、茶具的老家具，是我生活中不可或缺的器物。

前些日读扬之水所著《终朝采蓝》（三联书店 2008 年 11 月版），得知宋代便有茶床。唐宋时期的家具中，床的涵义比较广，上有面板，下有支撑足，可置物、坐人或睡卧的，都称之"床"。细看书中所摘南宋佚名的《春游晚归图》和刘松年的《西园雅集图》，图中所绘"茶床"与今天的一般桌子也无甚差异。扬之水说："茶床的使用在两宋依然很流行，式样也没有太多变化，但功能却日益明确，即专用于摆放茶酒食。"因此，当年的这类茶床，我以为可视作茶桌。

我再读王世襄的《明式家具研究》（三联书店 2008 年 8 月版），书中竟无有关茶桌的描述。

那么，明清时期，人们在什么地方喝茶呢？从《明式家具研究》所列陈的器具看，不外以下几种：

一是为适合高坐具所面对的，这就包括方桌、圆桌、半桌、酒桌。

二是为适合坐在炕上或榻上所面对的，这就包括各种炕桌。

清代榉木圆桌，比一般圆桌低，又比一般炕桌高

王世襄在此书第 89 页还写到茶几："茶几的定型并被广泛使用,当在入清以后。""清代茶几为了夹置在两椅之间,自然以长方形的为宜,方形次之,而体形比明式香几缩小许多。"

以上三种我都藏有,其中还不乏精美之作,如苏式金丝楠木炕几。但如今有多少人坐卧在炕上或榻上品茶呢?至于另一件清早期榆木酒桌我倒是试着拿它当过茶桌,只觉此桌高 86 厘米,坐在一边提壶冲泡,手擎得高高的总觉其累。

茶桌的高度我以为在 50—60 厘米为宜,我们如今在茶铺所见树根改制的茶桌大凡也在此高度。这样的高度无论是"关公巡城"还是"韩信点兵",都恰到好处。为此,后来我真的在大宁国际茶城一家名为"武夷人家"的茶叶店买下一件他们招待客人用的老树根瘿木茶桌和由树根改制的茶凳。这套茶桌茶凳现置放在我家客厅,与各式紫壶、茶缸、友人字画共同营造着富有乡村气息的饮茶氛围,倒也很显温馨。

我寻寻觅觅不罢不休地四处找着古典家具中的茶桌。一天,我去崇徽堂,小汪迎我上楼,说:"人哥好久没来了。"我说:"是啊,最近有没有收到好东西?"他领我至陈列室:"你自己看。"就在这时,我看见了这张包浆圆润的清代榉木圆桌,台面直径 80 厘米,高 52 厘米。它比一般圆桌低,又比一般炕桌高,介于两者之间,我不知道家具专家们应该称它什么,可它正是我孜孜以求的尺寸。在我的关于家具的定义中,它就是茶桌。

我喜欢它还在于款式的大气。桌面独幅板材,束腰,鼓腿彭牙式,向外彭出的牙条雕有六条草龙,整个造型古朴饱满,却在细节上不乏典雅精细,卷口阳线与腿部卷纹相接,一气呵成浑然一体。足底向内兜转较多，着地处所雕简单圈纹让人有岁月沧桑之感。

  我与这张茶桌彼此似乎都期待了许久，如今一见钟情，小汪开出一个并不低的价格，我居然不作任何讨价还价，立刻与他成交。

  因为对茶的喜好，我还将本与茶无关的一些老家具用来为茶服务。最直接的例子是那件柞木火盆架，因器形材质俱佳，我从协源古典家具店购得。"协源"小陈原在上面放一块圆玻璃，火盆架被他改成了小圆桌。我购置时把台玻璃扔一边，搬回家后直接在圆口置放一个紫砂大茶缸。茶缸内放普洱茶七子饼十余块，每走近，便可闻得幽幽茶香。

  不是只有酒醉人，置身于老家具的悠雅遗韵和四时茶香之中，同样心醉。

2010 年 10 月

江南拔步床

庞然大物，却轻盈空灵，不显沉闷；由五种以上材质构制，却质朴简素，不显繁赘。我喜爱此件清晚期的江南拔步床概源于此。

说它是庞然大物，并不夸张。高250厘米，宽218厘米，纵深233厘米，十柱式。它站立在如今并不宽敞的居室内，将占去其中整整一间。

我数不清它总共有多少构件，仅左、右、后三面的围窗就有18扇，每扇的骨格由极精细的约一厘米见方的榉木条榫卯制成，并镶嵌六个红木卡子花。三面围窗通透留空，使整体极见雅逸，为见者所击节回味。

床前面两扇围窗的骨格制作更不马虎，材质为老红木，可见主人对门面的足够重视。每扇嵌黄杨木雕卡子花六个，松竹构图；床楣也为老红木材质，每幅中间镶嵌和合二仙、刘海戏蟾等题材的黄杨木雕卡子花，共四个；每幅两侧的卡子花堪称微雕，大小如核，内容一律为"佛手"花，共六个。"佛手"，为"福寿"谐音。

廊楣四个黄杨木雕卡子花则为荷花图饰。

除了精致的黄杨木雕卡子花外，此床前面的围栏也极华美，红木底板，骨木高嵌，构成渔樵耕读的生活场景，极为生动。所谓"高嵌",即所嵌骨木高出围板平面,使画面更具立体感。

我第一次见到这张床是2008年底。那天,路过华翔路,在"协源"古典家具店小坐,一见这张拔步床,我两眼顿时发亮。看着它那透灵的布局、所有的围子用细木攒插的工艺,更是那每一块卡子花典雅秀美的图案,让我感到无丝毫俗气。

藏玩古典家具多年,我最不感兴趣的便是老床。许多老床最大的病灶在于俗不可耐,或把金粉涂得厚厚的,或将床体围得严严实实,雕刻也多半粗劣。逛老家具市场,我对旧床几乎不屑一顾。而面前的这张老床却使我一反常态。

此床的标价是10万,不算贵,我心里琢磨着没准能还价至6万。我对店主小陈说:"苏州人杀半价,5万如何?"一旁的殷慧芬也喜欢,此时却嘀咕:"你买了放到哪里去?"这一说倒提醒了我,赶紧叫小陈用皮尺量高量宽量深。小陈报出的尺寸让我心凉,光高就2米5,我现在的居室高仅2米7,还铺了地板,放不下,总不能将这老床截去一段。

见我犹豫,小陈露出苦恼相:"楼老师,帮帮我吧,全球经济危机,老外都不来买老家具了,我们也受牵连。年底了,场地租金没钱付,工人工资发不出。你楼老师喜欢,5万就5万。"小陈那么干脆,愿以5万价格出让,我颇觉意外,觉得他面临的境地也许确实困难。

我实话相告家里可能放不进。我说:"你这里原有张金丝楠木圆角柜,我也喜欢,就因为2米3高,只得割爱。"小陈说:"那倒是,后来给一个台湾人买走了,价钱出得比你还高呢。"

较之楠木柜,这张拔步床我是更不愿放弃的。马未都在央视

清晚期的江南拔步床

"百家讲坛"说收藏，说《金瓶梅》中写到当时买一个丫环只要五六两银子，而一张黑漆欢门描金床价值十六两白银。《金瓶梅》后来还写到西门庆"旋即用了六十两银子买了一张螺钿敞厅床"，即拔步床，可见其尊贵。况且眼前的这床又如此雅致。

我说："那5万就定了，你不能再卖别人了。我回去量量屋子的高度，明天给你答复。"

回到家，我找出《马未都说收藏·家具篇》读，马未都说：拔步床是"中国人发明的最伟大的一种床"。有意思的是他还摘录《天水冰山录》中的一段，说是嘉靖年间，严嵩被抄家，共抄出包括拔步床在内的640张床。这拔步床已构成当年大贪官贪污的重要财产，如同当今贪官被曝贪污多少包括别墅在内的房产一样。读着想着，不能释怀的还是那张拔步床。那晚与殷慧芬议论最多的也为此床。最后，想想无处置放，似乎也只能作罢。

几天以后，去市区办事，经不住那张拔步床的诱惑，办完事我和殷慧芬又去"协源"店里。虹桥交通枢纽正在建设，路很不好走，为了再看一下那拔步床的风采，平时一开车就骂骂咧咧的我，那天却毫无怨言。

我又一次与这张拔步床面对面，仍是万般喜欢。我找来方凳爬上爬下地察看那些黄杨木雕刻是否精细，那些骨木镶嵌是否完好，榫卯连接的构件是否有后补的，一切多尽如我意。少数缺损的嵌骨，店主小陈一口答应可以拿到宁波，请当地高手弥补。

小陈一直在等我的明确答复，此时我终于表态，并主动提出付定金。

我这一说，殷慧芬有点急："你买了放哪里？"

我说:"堆在'库房'里。"

我说的"库房"是我前些年儿子在国外时为他买的住房,一直未装修,闲置着堆些老家具。

我按常规付定金,小陈却说:"5万元钱你要全部付清,我确实急用。要不我不会这么便宜卖给你。"

我愣住。玩老家具这么多年,这样的事我还第一次遇上。小陈说:"你如果为难,我另找买主家。"

我说这床还要整修,万一你渡过难关日子好过了,悔约怎么办。小陈说,那简单,双方签个协议。

签协议?又是件新鲜事。我思考片刻说:"一次付清是不可能的。付一半如何?"小陈想了想,同意了。

回家后,我拟协议、筹款,遭派崇徽堂小汪去掌眼,忙了好几天。其间让我高兴的是我去"库房"丈量层高,竟有2米9,好好计划,这拔步床是可以站立起来的。小汪也说那床好:"楼大哥,你看我店铺里从不卖老床,我知道你们不会喜欢,可这床确实好,空灵。"

小汪并不太懂美学理论,此时却用了"空灵"两字,而这两字又恰恰是王世襄老人所归纳的明式家具"十六品"之一。

我带着协议书、钱款,第三次去"协源"。付了钱签了协议我仍担心小陈日后反悔,围着床来回走了几遍,发现门面最精美的两扇红木嵌黄杨木雕围窗是可以拆卸的,而且品相完好,无需修整,我灵感突现,说:"这两扇窗我今天就带走。"小陈愣了一会,明白了我的用意,说:"好好,不过你要写张收条。"我一口答应。有部件在我手中,小陈拿去修整的这张床就再不是完全的了。

订购此床后,我那套闲置了四五年的"库房"开始装修。为让拔步床有尽量高敞的空间,我不吊顶,不铺实木地板,甚至不惜舍弃紧邻卧室的卫生间。

几个月后,房屋装修结束,小陈那里也将拔步床整修完毕。拼装那天,他们来四人,部件装了满满一车,全编了号,有些大件门口搬不进,只能卸窗后从窗口吊入。兴师动众,着实忙活了半天。

王世襄老人在《明式家具研究》中说:"硬木拔步床,工料繁浩,又因体积大,生活一有改变,便容易被拆毁,故传世甚少,过去北方也不多见。至于南方民间,尚有用此种大床的习惯,不过所见到的,有用榉木,有用一般木材……"

我收藏的这件拔步床用硬木(红木)、榉木和一般木材构建框架,又用黄杨木雕、骨木高嵌等工艺点缀美化细部,理应胜人一筹,当为不多见的传世佳作。

拔步床体积庞大,造型奇特,结构复杂,整体就像架子床放在一个木制平台上,在室内如同一个独立的小屋。这个精美"小屋"如今成了我最为骄傲的收藏品之一。

这张江南拔步床同时荟集了好几项我国工艺美术瑰宝。如黄杨木雕卡子花,我估摸不是出自东阳的木雕高手便来自浙江乐清。东阳木雕和乐清的黄杨木雕都已成为弥足珍贵的国家首批非物质文化遗产。

这张拔步床通体线条流畅做工精美的家具制作技艺,显然沿袭了苏州的明式家具风格,这种明式家具制作技艺以及围板精彩纷呈的宁波骨木镶嵌工艺也都已入选国家级非物质文化遗产名录。

这张拔步床是小陈在宁波乡下收得的，关于此床更详细的前世今生，小陈说不清楚。于是，面对这张来自我故乡的老床，我会常常浮想联翩。我想主人家底殷实富庶，却不会是暴发户，什么部位用什么料，他都精打细算。主人更应是读书人，极富审美眼光，不追逐世俗。床的各个构件逸致，无言地诉说着主人的风雅。

拔步床安置妥当后，我在朋友间炫耀。每在古镇旅游，与同伴们见旧时豪宅陈列的床榻，我总不以为然地说："没我们家的漂亮。"沪上文化界的老朋友陈鹏举等都对此床赞赏有加。不久前，文艺评论家吴亮来嘉定，见到此床，在赞美的同时，戏说："凭这张床，你可以卖门票了。"苏州作家荆歌更是直言："花5万元买下这张床，你是捡了大漏。现在如果有，100张我都买。可惜，再也没这样的好事了。如果再有，这样的床也一定是天价了。我真不明白，这个老板5万元就肯卖给你！脑子有毛病的！"

荆歌说得一点不错，前些日我又光顾"协源"，看店的说店主小陈想用翻倍价格回购此床，问我意向如何。我说再多的钱我都不让。好东西本就可遇不可求。

我不明白宁波家乡这张拔步床旧主的后代怎么会以低于5万的价格出让给小陈的，这样的好东西怎么会舍得让它蓬头垢面颠沛流离在异乡？

所幸它遇见了我，一个祖籍宁波的书生。这张拔步床也算与我有缘，有了个好归宿。

2012年2月

黄花梨之梦

我在鼓浪屿参观"观复"博物馆,见那张骄傲、尊贵的黄花梨双龙如意云纹交椅摆在展厅中央,顿觉有一种帝王的威严。椅圈大小粗细、圆弧弯曲、倾斜高低,无不合度,靠背板浮雕朵云双螭纹开光,优美大气,精美绝伦。我站在面前,屏气凝神,不由向中华古国如此灿烂辉煌的文化肃然起敬。

我国从唐代起就有花梨木制作器物。唐代医学家陈藏器(681—757)在《本草拾遗》中就有"榈木出安南及南海,用作床几,似紫檀而色赤,性坚好"的记载。黄花梨又称花榈、海南黄檀,是花梨木的一种,其纹理清晰精细,如同行云流水,木纹中常见的多木疖所呈现的"鬼脸",更是美丽可人。明代及清代早期的皇宫和贵族考究的木器家具都选用黄花梨制作。由于过量采伐,清中期以后,黄花梨木逐渐濒临灭绝,以至今人见得明清两朝黄花梨家具都会倍觉珍贵而怦然心动。

王世襄和马未都在国人并不关注传统文化的年代注目中国古典家具,为世人留下堪称灿烂的篇章,使我们今天还能在上海博物馆、观复博物馆一睹这些器物的华美风采。对他们,我们理应心存感激。

我藏玩古典家具,起步较晚,其时已很少有缘在民间觅得黄花梨等名贵古典家具。2009 年 8 月,在上海文化出版社出版的散文集《上海闲人》的"后记"中，我写了这么几句话：

> 至于后几年我所钟爱的古典家具，既无暇四处觅找，也无空间安置，更要算计着开销太大会不会让家里揭不开锅，以至让黄花梨家具还不那么贵的时候与自己失之交臂。

这是事实，每月拿三十多元的工资几乎占了我职业生涯三分之一的年份，勉强养家糊口已属不易，哪有闲雅心情玩古典家具，尤其是黄花梨？

有朋友问："你玩古典家具之初，见到的黄花梨家具什么价？"我说：2000年，我在上海豫园一家店铺见到一对满雕龙纹的黄花梨四平柜，说是北京朋友寄售的，开价每件仅5万。三四年之后，殷慧芬告诉我，南翔有家小笼馒头店，老板捡漏觅得一张黄花梨方桌，有意出让，开价在15至20万之间。

2000年的5万，对于当时的我不是一笔小数，况且那时刚买了房，向银行还借着款呢！我只能对那两件满雕龙纹的黄花梨四平柜望望。三四年后，向银行贷的款算是还清了，但要我花六位数买一张方桌，仍觉是十分奢侈的事。那时殷慧芬不止一次地催我"什么时候去看看"，我却无动于衷。

有一年，陈鹏举签名售书，事后朋友们在一家酒店小聚。不知谁起的头，满桌的人都议论着黄花梨。这些友人家里多多少少都有几件，有家传的，也有淘得的。唯我无言，一是我父辈家境贫寒，能让我念书至高中毕业已属不易；二是我许多年一直在国有企业底层打工，无多闲钱，玩黄花梨于我，无异于天方夜谭。

但不知为什么，那次之后，我心中竟做起了黄花梨之梦。几年后，不知不觉之间，我在江苏甪直淘了个黄花梨笔筒，以后又获友人所赠越南黄花梨树根雕一件。

最值得一说的倒是偶得的一对南官帽椅。

2006年，上海办古典家具展览，荟集各地精粹。我第一次见那场面，便迷醉其中，并时有"戆嗨嗨"的腔势，见到入眼的便蠢蠢欲动。我的这种神态举止被一男子注意。此人比我年轻，个头略高，背着如今市面上已不常见的类似电工用的白帆布小包，递上名片与我搭讪："我姓潘，看你对老家具有兴趣，想与你交个朋友。我白相老家具许多年了，有些收藏，黄花梨、老红木的都有，东西绝对比你刚才动心的几件好。什么时候去看看，如有你喜欢的，我可以让几件。"

去看看无妨，我和殷慧芬当即便随他而去。他的办公室在一幢商务楼，有一百多平方米。我不知道他做什么生意，无一办公人员，打开门后，除一排组合式办公桌外，都是老家具，老红木灵芝椅、榉木圈椅、核桃木宝座、榆木画案……琳琅满目，有点像陈列室。

潘先生指着一对黄褐色的南官帽椅说："黄花梨的，天津有个朋友想要。你若喜欢，我让给你，也省得我办托运。"他见我与殷慧芬疑惑，找出块木砂皮，在椅子后下档擦几下："你闻闻，香的。"果然一股幽幽芳香。

黄花梨是世界名贵木种之一，为我国海南特产，木屑可作香料，心材有治高血压、风湿、胃痛等药疗作用。用黄花梨所制家具卓尔不群，可谓世界家具艺术之珍品。然而面对眼前的这对椅子,我仍似信非信。我说:"东西我看到了,我考虑一下,明天给你答复。"

回家后的那夜,脑子里满是黄花梨。无奈之下我找人诉说,与崇徽堂汪顺富通电话。

小汪二十多年做木匠,一直在木器中摸爬滚打,练就一双慧眼,每逢我拿捏不准时常请他当"高参"。有一回,我的一个朋友,同学因为出国愿将多年积累的旧家具转让于他,其中有张花费7万在江西龙虎山购得的架子床,说是黄花梨的。朋友兴奋,我也兴奋,便叫来小汪鉴定。小汪稍稍一看,断言假的,为证实其说,叫人从厨房拿来一瓶高度白酒。只见他在床架子上倒少许酒液,然后用抹布使劲擦,表层的黄褐色顷刻褪去,显出黑褐色的原形来。"非洲花梨,不值钱的。价格比榉木都低。黄颜色是做上去的。"说得众人一愣一愣的。我那朋友还在黄花梨梦中,分辩道:"我那老同学为这床去龙虎山三次,是在当地农民家里拿的,说是土改时分得的。"小汪一笑:"这叫编故事、'埋地雷',等着你去踩呢!"

小汪此刻在电话另一头,又听我说黄花梨,笑了。"要不又是假的?"他话虽这么说,但黄花梨仍让他亢奋,"那好啊,明天陪你去看看。"

第二天小汪不仅见了那对椅子兴奋,对潘先生别的家具也兴趣浓厚,尤其是一对清中期老红木苏式文椅,材质做工都堪称精美,尤其是木质,小汪说他很久没见木纹如此细密的老红木了,简直可与紫檀媲美。他问潘先生卖不,潘先生说卖,并开了个并不昂贵的价格。小汪向我使了使眼色,叫我赶紧拿下。

时日旷久，两对椅子榫卯间已稍有松动。我叫了辆大众"货的"，叫小汪拿到崇徽堂整固，自己驱车紧随。到了崇徽堂，小汪仍激动，连说楼大哥殷大姐人做得好，才能捡得这样的便宜。还说："潘先生那一对黄花梨是白送你的。"我不解其意，他又说："按市价，那对红木椅就值你今天付的钱，不信我修整后卖给你看。"

我不置可否之间，来了个"专家"，听得我们上述故事，顷刻失态，发了一通胡乱言语。时隔多年，我回忆此君当时心态，实在是他容不得别人有这等好事。此君的言语坏了我一天的好心情，与小汪临别时我说："那对红木文椅，你能卖就卖掉吧。"小汪后来果然卖了个好价钱。

这对清中期的苏式红木文椅如今的价格已在当年卖出的一倍以上了。好东西得而复失，我至今深觉遗憾。所幸那对黄花梨南官帽椅经多位业内高人鉴定不假，并且仍在。

一天，协源古典家具店老板小陈送货来，站在门口看见这对椅子，目光呆呆的，随后光着脚轻轻走到它面前，抚摸着如同婴儿肌肤般的木质，很郑重地说了声："好东西，黄花梨的。"他问我如何得来的，我简告一二，他笑道："那便宜呵！你如果愿意出让，我出三倍的价格。"殷慧芬急了，忙嚷道："不让的，不让的，我们一不做生意，二还没穷到要卖家当的地步。"

2013年4月某日，老朋友吴亮发来短信："耀福兄，我五月中旬想再去嘉定，并带两位画家登门拜访，一位是汤国，现居金陵……"我即回复："好啊，欢迎啊！"

汤国喜欢老家具。经他手的古典家具无数，侯孝贤拍电影

《海上花》，所需之老家具，当年影片顾问、作家阿城都是委托汤国全权代理的。雕花大床等旧家具报关时作装箱前的检验，摆满了整个篮球场。看到海关人员手头厚厚的一沓表格，汤国想不知要奉陪到何时，便找了个借口先去睡了。满满的一个集装箱，从此岸运往海峡彼岸。

更令人啧啧称羡的是，汤国至今藏有黄花梨大柜等重器。

玩老家具，我与汤国，无疑是小巫见大巫。虽如此，在对老家具的痴迷和喜爱上，我与他是共同的。那天，他翻阅我送给他的《月河淘旧》，之后在屋里巡视察看。在书房这对南官帽椅面前，他止步了，上下看了好久，对身边同来的南京企业家傅晓说："你坐坐。这东西在博物馆是不让你碰的。"

身材高大的傅晓这时像个孩子，望了望汤国，很听话地坐了下来，双手搭在扶手上。汤国问他什么感觉，扶手是不是温润如玉，傅晓只顾点头。汤国说："黄花梨。清中期之前的。这东西这两年太火了，市场上几乎看不到，一露面就有买家拿走。"他问我当初买下的价格，我说了个数字，他说赚了。此时我觉得自己这个蹩脚的"棋手"，偶尔也下了一着好棋。殷慧芬在一旁听着，插话："你说博物馆不让碰，我们家钟点工打扫卫生，要爬高，把椅子拖过来，一脚就踩上去了。"众人听了，大笑。

与博物馆的比，这对椅子不够精致，比如下面的横档，用材还不怎么规则。我问汤国，要不要请人整一下？汤国说："千万不要，它是民间的，原来怎么样，还是让它怎么样。"

"原来怎么样，还是让它怎么样。"汤国对老家具、对古建筑都持这种态度。

汤国在对南官帽椅作评价的时候，吴亮一直在场，笑嘻嘻的。傅晓刚起身，他接着就坐了下去："让我也在这椅子上得点气。"他比我还高兴。

后来吴亮带好几拨朋友来喝茶，画家洪磊、陈心懋、韩冬、申凡，美女评论家张莉、张屏瑾，雕塑家杨剑平父子等等。每来一拨，他便叫朋友"坐坐"。一日，他与孙甘露、朱大可来嘉定图书馆讲课，之后来舍上喝茶。甘露、大可都是多年朋友。吴亮照例向他们介绍这对椅子，强调是汤国的评鉴。孙甘露坐了坐，神情也是喜滋滋的。

现在，这对椅子静静地被安放在书房醒目处，每天当晨曦微露日光初现时，这对黄花梨南官帽椅如同有生命一般，它像处子般安宁而不张扬，它的静谧的仪态便散发出温和的光芒，在满屋弥漫。于是，满屋温馨。

2013年12月修改

木雕花板

在我的理解中，木雕花板以前并不都是一件独立的器物，它或者是房屋构建中的一个部件，如雕花门板、窗板，或者是家具中的一种装饰，如雕花床板、橱柜门板等。这些年，"木雕花板"这个名称的盛行，与明清旧屋的拆迁有关，也与日益趋热的旧家具收藏热有关。

古屋将倾，有眼光的古玩商发现其中的许多石雕砖雕木雕的构件仍有审美价值，便以较低廉的价格全部买下，分门别类，再提价卖给像我这样的人，因为像我这样的人太喜欢并钟爱中国古代能工巧匠所创造的精美之作。

好几年前，我曾在上海吴中路上一家叫"仁宗"的古典家具行看到从浙江东阳拆迁来的一幢建筑，那木雕的精美简直让人目瞪口呆。横梁、牛腿撑拱、雀替、门窗等每一件都堪称美轮美奂，尤其让我难忘的是"双狮戏球"，那球层层透雕，我居然数不清雕了多少层。这样的一幢建筑，店主的开价仅20万。我囊中羞涩，更无地安置，只能望"屋"兴叹。由一件牛腿撑拱改制的人物雕像倒是那时在"仁宗"购入的，表神举止生动质朴、惟妙惟肖，为我所喜爱。

后来，我们结识了女企业家蒋琼，几年里她和她先生收集的古建筑达几百多幢，其中不乏精品。他们在奉贤海湾国家森林公园租下地后,复建的"骑尉府",就是其中之一。我曾在"骑尉府"喝过茶,额枋上的五狮戏球,与船篷轩的四狮组成神态各异的九狮,雕工玲珑剔透,显示了旧时主人的显赫。门窗的雕花也在诉说着乾隆年间徽派工匠的精湛手艺。在古宅化为瓦砾废墟之前,他们夫妇第一时间赶到现场,花巨资购之,然后小心翼翼地拆除,千里迢迢运至上海复原,可谓竭尽全力。蒋琼的本意是能让子孙后代从这些古建筑中了解我国优秀的传统文化,因此,无论从哪个角度讲,功德无量。

诚然,我辈书生,除以文字笔墨呼吁理应珍惜、尊重优秀古建筑之外,只能在力所能及的范围购置一些"零部件",妥善待之,珍爱有加。这些年里我陪友人在东阳买过牛腿撑拱,前不久还陪上海作协的于建明在屯溪老街购得一对游鱼图案的深雕元宝托。我自己也不止一次地购过雀替等构件,其中较多的当数木雕花板。

我最早拥有的花板购自浙江西塘。十来年前,西塘远比今天清静幽雅,在沿河的廊棚下行走,真有点乐而忘返。在烧香巷我们见到"明清木雕陈列馆",大门两侧有商铺供应木雕花板,我购得四扇窗板,八仙过海图案,尽管雕工较粗糙,价格却便宜得不可思议。我问有没有更精致的,卖者用嘴往楼上努了努,意即好东西都在楼上。不料这天楼上"恕不接待"。一筹莫展之间,我发现门口挂着一个镜框,框内有张剪报,是上海散文家沈扬先生发表在2001年1月14日《解放日报》"朝花"副刊上的大作《"雕栏玉砌应犹在"》,一大半的篇幅是介绍这家陈列馆和主人蒋国强的。我和殷慧芬抓住这一契机,对看门人说,我们是沈扬先生的朋友、《解放日报》"朝花"的作者。这一招果然奏效，里屋走出个三十多岁的年轻人来，问明我们来由后，很客气地引我们上楼。

我后来得知，此人正是蒋国强。沈扬先生说他"在西塘老街闲步，看到一个老妇人用刀劈木柴，一堆木板中有一块窗板，上面雕刻着蝴蝶、葡萄，十分精美。国强觉得如此的艺术雕板付之一炬实在可惜，就向老妇人要了它。回到家中，他把木板清洗干净，悬挂在墙壁上，觉得煞是好看。国强意识到西塘是个明清建筑众多的古镇，如今或旧屋改造，或拆旧建新，那些有文化价值的建筑雕品如不及时抢救，就将不断湮没，于是有心收集，最终办成了这个别开生面的陈列馆"。

读着沈扬先生的文字，我发觉蒋国强对这些旧物的喜好与我有着许多相通之处。

到了陈列馆二楼，蒋国强所藏木雕，件件堪称精品。我似乎懂了他的收藏和经营之道：收得的一般雕件，他设摊卖出，如我购入的窗板；而收到其中精品，便藏为己有，如陈列馆的每件雕品。眼花缭乱之间，我对他的藏品心生妒羡。我说能不能让一二件给我，他摇摇头，婉拒道："楼上陈列的均为非卖品。"我不善罢甘休，死缠活绕。最后，他同意在某展区让我挑选一件。这一件便是我在居所玄关墙上挂了十多年的木雕花板。

此件花板由三块拼接组成，总宽40厘米，高66厘米，中间10厘米宽的那块透雕为"平（花瓶）安（案几）"图，通体剔透，线条洒脱，瓶体、几身浅刻点缀纹饰，花蕊配以深刻，使作品极富层次感。左右两块从图案看应是"凤戏牡丹"，与中间

"平安"图一样，深雕、浅雕、透雕的手法交替使用，凤凰的羽毛、牡丹的花叶较多使用深雕，使此件木雕的主体更为突出。

凡对称或几块花板雕刻的图案大体相同，判断其是机刻新品还是手工刻旧件，就要细辨其具体纹饰，比如同一位置的两朵花，花瓣的数量、形态、细纹是否完全一样？如果完全一样，则必定为电脑输入机器镂刻。凡手工作品，即使是同一工匠，在不同时间雕刻，也不可能完全一模一样。在西塘购得的此件花板，当属古时手工精品。

另有一种木雕花板，其工艺也令人称道。我收藏有块窗板，高149厘米，宽115厘米，八卦图案，由一百多块横竖短木和九十多件卡子花攒接而成，通体不见透榫。古代的工匠是何等的不厌其烦一丝不苟，此件可见一斑。前不久，有一古家具商见此窗板，说能做八卦图案的工匠并不多，这要求计算十分精确，稍有纰漏差错，整个图案便无法拼接。此人到底整年累月以老家具为业，很懂行。

从雕工和短木攒接工艺看，上述两块花板应为江浙一带工匠的作品。中国的木雕除江浙外，广东潮汕、福建莆田、安徽徽州地区也很著名。徽州木雕之美我曾撰文有所阐述，素以"精微透雕"著称的莆田木雕也曾有见识，但最令我叹服的仍数东阳木雕。我曾拥有过一块尺寸不大的东阳双面工木雕花板，一面是《溪边放生》，另一面是《村舍品茗》，无论内容、雕工，都很美。两年前，远在日本的茶友叶毅回国探亲，前来看望他的楼大哥，并赠两瓶彩绘瓷瓶清酒。我以此花板回赠。海外游子面对中国优秀的木雕艺术似比常人多一分激动，连说："我喜欢的，我喜欢的。"

我也不止一次去过浙江东阳,每次,卢宅是必去的,为的就是感受那里独特的气息。有年夏天,上海作协组织部分小说家去浙江横店采风,对横店的人造景观,我本无多好感,但横店属东阳,可顺便看木雕,我便欣然应允。不料,横店两天全都在水泥堆砌的虚假秦宫、满目塑料树的梦幻谷中周旋,痛苦之极。所幸在"清明上河图"的出口处我还是见到了真正的东阳木雕。那张铺子叫"东横一雕",店主是个叫小潘的年轻人。我问他:"有没有老东西?"他说:"有啊。"他拿出两块雕花床板,确实精美。我问:"卖不?"小潘赶紧抱得紧紧的:"这是'雕花皇帝'的作品,我怎么能卖?""'雕花皇帝'杜云松?还有个'雕花状元'楼水明,和我是本家。"小潘吃惊地望着我,诧异我居然如此熟悉东阳木雕,赶紧叫我"楼老师"。其实,我只是在写《海上寻珍》时,对全国各地来上海发展的工艺大师作过一番梳理,东阳木雕的代表人物杜云松、楼水明也在其列,因此才略知一二。

我指着那块雕花板又问:"你凭什么认为它是'雕花皇帝'的作品?"

小潘说:"你看,这么薄薄的一块板,能雕出这么多层次来,就是'雕花皇帝'的水平。"我仔细观摩,果然,杜云松通过雕刻一件落地围屏的曲曲折折,在不足1厘米厚的薄板上表现了五六个层次,使画面极富立体感,确有巧夺天工之美。小潘说,他不想出让这两件木雕,本意就是为了学习。

零零星星的木雕花板我还藏有不少,但与那些收藏大家比,仍然是小巫见大巫。前不久,我去许四海的"百佛园",这位

"江南壶痴"不仅以其收藏的明清名壶让我惊叹,就连他的木雕门窗花板也件件令人称羡。

木雕花板中也有以新充旧的,我在华翔路一家旧家具店见到过一块,雕得很不错,拉黄包车的、唱戏的、练把戏的,内容很丰富,洋溢着浓郁的民俗风情。我问店主:"老的还是新的?"店主来自山西,颇多交往,也很熟了,信誓旦旦说是老的。我细看,笑道:"新的。"店主说:"凭什么?"我指着其中人物说:"你看,还有解放军战士呢!"店主愣了一下,喃喃自语:"倒是真的。"接着又辩解说:"解放初的作品到现在也五六十年了,也是老东西了。"我又说:"恐怕是近些年的,你看这牌楼上的'福满楼'三个字,老东西应该从右到左写,它怎么从左到右呢?再说,这'福满楼'的'楼'应该写繁体字,它怎么是简体字呢?"这一说,店主傻了,气咧咧地骂娘了:"妈的,家里还有两块呢,我收的时候怎不长眼呢!"

诚然,新雕花板也不是都不好,东阳那些大师们的作品价格也并不低于一般的旧件。对木雕花板爱好者而言,收藏更重要的是图个好心情,意在其中陶冶性情。21世纪初,我在豫园附近青莲街的冯老板订制家具时,他赠以一块花板,我就很喜欢,在我小茶室中长年悬挂。那花板虽不大,材质却很好,芯板为金丝楠木,边框为大叶紫檀,尤其所刻内容为:"梧月松风竹雨,茶烟琴韵书声。"那种意境,那种生存状态,太令人向往和醉迷了。

2011年7月

永春工木雕

写完《木雕花板》，原以为把我近几年在这方面的收藏作了个比较完整的梳理和小结，却不料之后又花了近三万元的价格淘得两块永春工木雕《三国演义》花板。我不得不再写此篇，以作补充。

前两年由于虹桥交通枢纽的建设，工地塔吊林立，原先的道路或者泥泞不堪，或者干脆成了断头路，开车即使用 GPS，也常常找不到北，因此我很少去那里，尽管那里有好几家古典家具行。现在，原先挤攘破陋的小路已被纵横的通衢大道所取代，那里久违的古典家具行又成了我经常的光顾地。

这两块花板便是在华翔路南方古典家具店觅得的。初到这家店铺，我就被挂在门口的这对《三国演义》人物故事木雕所迷惑。我不动声色地在里面兜着圈，见家具、雕件均以福建莆田、广东潮汕地区的风格见胜，精微透雕，且多为贴金绘彩。最终还是抵御不了《三国演义》木雕的魅力，回到门口。与大多数莆田、潮汕木雕不同，这对花板仍保留着木质的本色，通体素白。这正是我所喜爱的。

看店的女子姓李，我问："你是福建人，还是潮州人？"她用带闽南口音的普通话硬邦邦地回答说她来自莆田，一如我所判断。

莆田木雕本很有名，中央电视台《走遍中国》栏目作过专门介绍："出神入化的功力，神奇大胆的想象，使坚硬的木材被赋予了生命；千百年的刀削斧凿，一代代地精益求精，使莆田的木雕闻名海内外。"莆田木雕风格精致细腻，古朴典雅，层次重叠，历代均有优秀作品传世，北京故宫博物院至今存有清代莆田艺人进贡皇朝的贴金透雕花篮。

"莆田的木雕很少有白坯的，这两块木雕花板是莆田的吗？"我问。

"我老公收来的，是不是莆田的，要问我老公。"

"卖多少钱？"

店主报的价格使我顿时傻眼。多时没光顾旧家具店，价格就这样扶摇直上？

店主小李说："你看这'刘备娶亲'，这'孔明入蜀'，这关羽、张飞，雕得多好！你是内行，东西好，价钱也好么。"

说实话，这两块 50×93 厘米的花板，雕工确实不凡，刀法极为老辣。纵深精雕细镂的人物虽众多，却个个形象鲜活，丝丝入扣，一匹匹战马也都生趣盎然，呼之欲出。浮雕缠枝点缀其间，后面的桁垫板与前面图案连为一体。

我再从侧面细看人物脸部是否有后补的。我这么看是因为过去也曾买过一块人物故事木雕花板，买回家刚擦拭，半张脸便掉下来。此类雕件在"文革"动乱中大多被认作"四旧"而横遭破坏，手段之一便是砍头削脸。精明的商家为卖个好价钱，常在破损部分作必要修补，以充完好。

我反复察看，不见有后补的印痕，人物脸部表情都自然生动。但我仍故意挑刺:"'刘备娶亲',娶的是美女孙尚香,你看这孙夫人,眼、鼻都没了。"

小李笑了:"这是年代久了,日晒雨淋,风化了。"

好说歹说,小李说,即使降价,也要与她老公商量。她老公在福建收货。

我只得怏怏不乐地离店而去,临走时关照小李:"你老公什么时候回店,打电话告诉我。"

三四天里,一直未见小李有电话来,心里却老惦记着这两块木雕花板是否会被别人买走。花板上一个个形象鲜活的浮雕人物皆在我眼前晃动,赵子龙、老黄忠、金戈铁马,真可谓一部立体的《三国演义》连环画。第五天,我无法抑制对它的念想,与殷慧芬再次去那家店铺。

蒙蒙细雨中到达那里时,仍只有小李留守店铺。我问:"你老公还没回来?"她说:"是啊,因此我也没给你电话。"我不想过分流露太急切的心情,掩饰道:"正好路过,顺道来看看。你老公不在,你又做不了主,下次再说吧!"实际上,那天我包里倒是带了钱的,只要小李稍稍松动,便可立即成交。谁知她也不主动,只顺着我的话说:"好的,下次再说吧!慢走。"

又一次无功而返。

今年中秋第二天,我陪画家江宏去看他喜欢的柚木大餐桌,说起两块花板,他倒很起劲:"喜欢,确实好,就拿下来。你想想,当代画家一幅画什么价格?"江宏的话不无道理,通货膨胀,生姜大蒜的价格都在飙升,纸币不可阻挡地贬值,如今买什么不贵?

也许是中秋，夫妇也要团圆，这天总算见到了小李的老公小张。我说："我这是'三顾茅庐'，今天总算见到诸葛亮了。"小张说："那你是刘备啊！"众人嬉笑一阵，便直奔主题。几个回合之后，小张稍作降价成交。

小张说，两块木雕花板是福建泉州的"永春工"。永春县，古称"桃源"，东与仙游县相连。"永春工"木雕多以楠木、樟木为材料，质地柔韧细腻，易于奏刀精雕细刻，作品古朴大方，韵味十足。小张还取出数码相机，让我看他在永春照的古屋，古屋门窗的木雕花板果然精湛。

我算是又长了见识，我国的木雕艺术除了浙江东阳、安徽徽州、福建莆田、广东潮汕等地负有盛名外，泉州永春工也同样令人赞叹不已。我感慨，有着五千年文明史的神州大地，何处不闪耀着先人的智慧和文化积淀的光芒？木雕艺术仅仅是五彩缤纷的中国传统文化之一斑。

2011 年 9 月

喜得四堡印刷雕版

去了一次连城四堡古镇，居然喜欢上了那里的印刷雕版。四堡地处闽西山区，偏僻，却是我国古代四大雕版印刷基地之一，当年出版过《金瓶梅》《三国演义》《水浒传》《西厢记》等书，曾垄断江南印刷出版业，今天仍有昔日印坊遗存。

冒着阴冷寒风和绵绵小雨，大家兴致勃勃。穿过乡政府大院，见到翘檐飞角的旧屋，牌楼额楣书"中国四堡雕版印刷展览馆"，知道目的地到了。遗憾的是那天停电，厢房内漆黑一片，雕版、古书等陈列无缘一一目睹。幸好厅堂凭着天井的自然光，还算亮。见有石制墨缸、研墨臼、雕版架，我说："买了门票，至少演示一下吧，也不枉我们千里迢迢走一趟。"主人听了忙找来书本大小的雕版，裁纸、涂墨、拓印。印的是"梁山伯祝英台全本"封面，书名下是古时俊男靓女，印完每人发一张，算对来者的交代。台上有块一米来长雕版，主人说是清代的，有两百多年历史。版中人物是大家所喜欢的关公，于是大家纷纷要求拓印。

离开展馆时，开车的师傅说，前些年，这里都不把雕版当回事，当柴烧，后来有人收了，虽不烧了，但也只卖几十元钱一块。现在列为非物质文化遗产了，价就贵了。我喜竹木雕收藏，对印刷雕版顿生兴趣。问师傅哪里有卖，师傅说他有朋友做这个生意，可以为我们联系。

一个下午未见师傅电话来，我憋不住，当晚上街找去了。雕版在连城的民间收藏颇为可观，有人藏有《康熙字典》全套雕版，只是"恕不出售"。逛至一家叫"聚雅阁"的古玩店，问及雕板，店主说有，但大多在仓库里，答应第二天拿来供我选择。店里仅有的几块雕版，正反两面刻字密密麻麻，功夫十分了得。其中有两块是一篇完整的文章，一个叫周钟岳的在民国三十二年四月为人写的"序"。我看了心动，问他卖不，他面有难色，说是他的藏品，还上过福建的报纸，"恕不出售"。

第二天游罢九龙湖，我匆匆又至"聚雅阁"。店主已从仓库取来雕版，只是品相不敢恭维，不平的开裂的残缺的，内容多为族谱之类。我立马明白当地藏家愿意出让的也只是些次货。在我紧盯之下，他无奈之中让我在他楼上挑了两块。一块是门神：秦琼和尉迟恭，宽25厘米，高50厘米，旧时百姓辞旧迎新时在门上张贴的，雕得传神生动。另一块宽26厘米，高21厘米，满页蝇头小楷，秀逸工整，清晰可辨，内容为《慕侨堂应试文》，正反四页，有《公叔文子之臣》等。应试文无疑是科举应考年代的物件，距今少说也有一百多年历史。楮木材质，较硬，品相颇佳。说定价格后，我当即购下。

结伴同游的作家听说我获雕版，有妒羡，也有求一睹以共赏。当夜在机场候机时我展示时，引得众文友啧啧赞美。

我手抚昔日雕板，穿梭于时光倒流的美妙感觉之中，四堡雕版印刷"起源于宋，发展于明，鼎盛于清"，印刷的古籍名录，有经史子集、小说诗词、易学星算，几乎囊括中华历代经典著作和民间用书。清代后期,由于西方铅印技术的传入,四堡雕版印刷渐衰落。

历史无情,但它曾经的鼎盛和辉煌却是中华文明史上的重要一页。这一页,即使在践踏文明的荒唐岁月中被刀劈过被火烧过,所幸今天仍未泯灭。

2013 年 2 月

插屏

《红楼梦》第三回写林黛玉进贾府:"林黛玉扶着婆子的手进了垂花门,两边是抄手游廊,当中是穿堂,当地放着一个紫檀架子大理石的大插屏。"

这样的大插屏我也曾买过一件,有2米来高,架子虽不是紫檀的,屏心也不是大理石的,却是一块写字台面大小的金丝楠木,独板,从木纹看,又是楠树的横截面。面上阴刻沈周的山水人物图。沈周的画虽为新刻,但初见此物,我心中仍有一种震撼,这原本该是怎样的一棵大树啊!

明代以前,屏风作为家具的一种,主要用于遮蔽和隔断,大多接地而设。《史记·孟尝君列传》中有记载:"孟尝君待客坐语,而屏风后常有侍史,主记君所与客语。"可知屏风在战国时期就已有之,多为实用。明清开始,插屏开始兼有供人欣赏之用,在注重实用价值的同时也注重美学价值。

因为仿沈周的画,此件楠木插屏成了一件融实用性与欣赏性于一体的器物。我花了九牛二虎之力,将插屏运搬至家中,折腾半天,家里竟无合适的安置之处。

苦不堪言之际,友人h结伴来喝茶。h是外籍华人,在嘉定投资并安家。他说:"你别折腾了,我家有地方放。搬到我家去。"他边说边想,"唉,放在我家进门处正适合啊!"于是他开始死缠活磨。

"你家里好东西多，让一个给我，也培养培养我对老家具的兴趣。"h如此劝我。我终于抵挡不住，只得拱手相让，千辛万苦觅得的心仪之物成了他的渔人之利。

屏风的品种除了大插屏以外，还有围屏、折屏、床屏、挂屏、枕屏、砚屏等多种。过去的读书人写字作画考究，为防研墨不要沾染灰尘和干得太快，常在砚前置放一小屏，用以遮风挡尘。当代书生已不用毛笔赋诗作词，连用钢笔写字的也越来越少，连我这样的在电脑前显得很笨的，都用中文手写板输入笔划编织文字。砚屏的功能似乎只存观赏了。前不久，我在武夷山的一家小古玩店见过一件砚屏，用料很精致，小叶紫檀支架，屏心为象牙雕。虽为新品，我仍然有点动心。后来发觉雕工太稚嫩，好像一个新手，面对名贵的材质，有着太多的战战兢兢，致使整件作品太过拘谨。好料须得高手作，不然反倒糟蹋了好料。

插屏有小件的，放在桌案上，作观赏、摆设之用，称"桌屏""砚屏"。砚屏功能之一是为文人提笔墨砚时挡风。梅尧臣有句"独立笔砚间，莫使浮埃度"，说的就是这个意思。砚屏很受文人喜爱，被归入文房用品之列。

我在同里曾购过一件清末的小插屏，红木底座，底座的雕刻精细。屏心为大理石自然山水云天花纹。不大，一尺见方，可列入"砚屏"之列。我辈已不擅写毛笔字，我也无研墨挥毫之雅好，此屏在我这里纯属摆设。置放于清代案桌上，只是为居室添几分古朴典雅之气。屏、案，谐音"平安"，图个好口彩。老百姓除了平安、健康，还图啥呢？

更早一些，我曾在十年前购过一件民国柚木双面雕插屏，时与市文联褚水敖和兰馨珠宝行蔡国声同在豫园三牌楼路汲古斋。蔡国声那时在上海已声名鹊起，常在豫园作文物鉴赏方面的讲座。我们从华宝楼淘旧后，老蔡带我们到汲古斋"老宁波"那里看花板。"老宁波"的花板太多，让人眼花缭乱，最后像挑了一箩筐鸡蛋，却始终未挑出个最大的，倒是在不经意中相中了此件插屏。插屏高85厘米，底座长48.5厘米，宽30厘米，屏心高63厘米，宽43厘米，厚3厘米，柚木双面雕工，图案极富书卷气，一面是笔筒、花篮，另一面是花瓶、盆景，简洁干练，略有几分西洋元素。好看是好看，搬回家之后却觉这样的尺寸有点尴尬，放在地上，稍嫌小，置于台几，则略觉大。想了半天，才让它物尽其用，将它摆在书桌一侧，正好遮蔽电脑机箱，既实用，又能观赏。

我藏有的另一件插屏，年份比柚木双面雕插屏要久远得多。也正由于年代久远，原先的屏心只留存了一个空框，框内原物或许为大理石或许为瓷板画，不得而知。底座和框架为酸枝木，样式明显是明代的。此件我是在崇徽堂觅得的。那天，此类插屏像在那里开会。我到那里，店主小汪一下子让我看了五八个，尽管好几件品相都比此件入眼，我最终仍选中此件。小汪动员我换别件，我执意不改初衷。小汪说："你眼睛毒，这是明式的。"后来我从另一位老家具爱好者小明那里知道，他也曾看中此物，只是未最后下手。小汪让我换别的插屏，这也是原因之一。此件高53.8厘米，底座长58.2厘米，宽18厘米，屏心高38.2厘米，宽53.5厘米。明代的器物与清代比，最大的优点是简练。此物亦然，没有繁复的雕饰，浑朴古雅。

  购得底座、框架，我便想着法子配屏心。明清的文玩屏风，屏心以天然大理石材质居多，纹理天然如画的大理石不依人工绘制，却得山水之美，受到文人雅士的钟爱。纹理有的如山岭逶迤，群峰簇拥，有的如烟雨空蒙，朦胧月晕，色泽由淡褐、淡绿、淡灰、鹅黄等，相互融渗，变化多姿。但要短时期觅得一块中意的天然大理石也不是件容易事。无奈之下，我想到瓷板画。清末民初珠山八友的瓷绘也很美。殷慧芬曾购过当代瓷绘挂屏一件，珠山新一代艺术家丁冬莲绘制的瓷板《游丝软系飘春榭，飞花轻沾扑绿裙》，桃花美人，极动人。我想到近在咫尺的上海申窑，窑主罗敬频是我蛮不错的朋友。我把屏心的框架交给常在窑里作画的陈步兵，步兵是上海画坛的后起之秀，作品常在《解放日报》等重要报刊发表，尤擅山水。半个月后，步兵拿来了他的瓷板画《春山烟林》，层峦叠嶂，烟林苍茫，尤其一色青花，像绘画中的满纸水墨，极具文人气息。

  这件古今交触的插屏，我现在置于厅堂清中期的榆木长条桌上，牙条上那绵延不断的"万水千山"回纹和插屏互为呼应，呈现着一种宁静之美，无穷的意境令人回味不尽。

2012 年 5 月

竹编食盒及其他

有一回游江南某古镇,在当地民俗风物展馆看到有"百篮厅",名目繁多的各式前朝竹篮琳琅满目,令人眼花缭乱,其中不乏食盒提篮。然而,多则多矣,却没有一件可比我家拥有的那件竹雕食盒提篮精美。

食盒起源于什么时期,我未作过考证。相传三国时,荀彧反对曹操当魏国公,为曹操所忌恨。曹操征吴时,命令荀彧同行,荀彧到达后又将其留在军中。曹操军至濡须,荀彧托病留在寿春,曹操差人送去一个食盒。荀彧打开,见空无一物,不久,服毒自杀。如果这一传说成立,食盒在三国时已有。

至明清,食盒更为风行。《儒林外史》第一回写道:"正存想间,只见远远的一个夯汉,挑了一担食盒来。"《金瓶梅词话》第十四回也有文字:"西门庆听言大喜,即令来旺儿、玳安儿、来兴、平安四个小厮,两架食盒,把三千两金银先抬来家。"至于曹雪芹的《红楼梦》,对食盒的描写更多。第四十回《史太君两宴大观园》中有句:"只见几个婆子手里都捧着一色攒丝戗金五彩大盒子走来,凤姐忙问王夫人:'早饭在那里摆?'"之后,又有句:"只见一个媳妇端了一个盒子站在当地,一个丫环上来揭去盒盖,里面盛着两碗菜……"这里的"攒丝戗金五彩大盒子"和"媳妇端了一个盒子",无疑均为食盒。

食盒用于传送饭菜，竹编或木制。《儒林外史》（人民文学出版社1977年1月版）上的注解为："食盒——有提梁的盛放食品、食具的盒子。"我以为此解稍有偏颇。食盒大多有提梁，但不一定都有提梁，《儒林外史》《金瓶梅词话》中的食盒有提梁不错，而《红楼梦》中的"盒子"似无提梁，否则措辞极为讲究的曹雪芹为什么用"捧""端"两字呢？

有提梁的当称提食盒，如我所藏有的那件。那件食盒提篮，高40厘米，直径30厘米，内分两层，每层高13厘米，虽为民国早年器物，品相却极好，行话称"全品相"。竹编中的编织、雕刻、绕穿、拼接等工艺手法交替运用使此件在实用的同时，极具观赏性。

提攀上阴刻"佛手"缠枝花卉，"佛手"为"福寿"谐音，颇为吉祥。提攀两侧居中分别雕"琴棋书画"四位雅士，神态逼真生动。人物两边分别透雕"喜鹊登梅"。最精美的当数篮盖上的竹黄浅刻"童子献茶"，高士背后的花瓶盆景及童子身边的茶炉茶缸，寥寥数笔，而人物的衣着、面目、神情、动作则颇细致。我喜茶，看此图案尤觉亲切有趣。

说起此件的购得，要追溯至1996、1997年。那时我儿子还在念书，夫妇俩收入菲薄，我是当家人，整天精打细算着日常开销，根本无财力也无时间转悠古玩市场。一日，殷慧芬从市区回来，手提此篮。我觉惊异，问她怎么回事，怎么像《红楼梦》中送饭菜的？她说这是在东台路买的，报价时怕我说她乱花钱，还故意少说二百元，说是花六百元买的。实际上我并不为难她，一是用她积攒的"私房钱"，再贵也不在我开销的计划里；二是好东西我也喜欢。

涉足旧家具市场后，我也留意此类小件。以后购置的食盒虽也可以，却仍无一件可与它相比。2002年，嘉定区安排区里作家去杭州疗休养，闲时在西湖边散步，在某古玩店见到一件竹雕食盒提篮，品相也还可以，询价时老板开价三千元，而且态度傲慢，爱理不理。

浙江东阳、嵊州、江西瑞昌等地的竹编艺术已被列为国家非物质文化遗产，闻名全国。我所居住的嘉定，也有竹编之乡，那便是马陆石冈的众芳篾竹村。我曾去那里踏勘，这种竹雕食盒提篮似不是那里所制。从各地竹编特点看，前些年东阳艺人的仿古竹编食盒提篮，尽显编织、雕刻、绕穿、拼接等工艺，做工也精细，与我那件提篮倒有相近之处，标价每对三万多元，有富贵金、富贵红、富贵紫。人各有所喜，在我眼中此种金、红、紫所呈现的，则太俗，哪有我那件绘刻"琴棋书画""童子献茶"的清雅。仿古新器尚如此昂贵，殷慧芬那时以八百元购得，以今天的眼光看，也算是"捡漏"了。

食盒除竹编木制外，还有以象牙镂雕的。台北故宫就有象牙镂雕提食盒，四层屉格，表面吹弹欲破，雕工十分精细，巧夺天工，堪称一绝。不知我等平民何时能一睹这曾受清帝钟爱的食盒？

2007年，友人约我们去同里，文友在古玩店觅得清道光年间的金砖，我却见一花梨木盒，古意盎然，店主说是清代读书人的书箱。我买下后，回家却见此器面板有"觥筹交错"四字，落款"灌轩藏"，器内有五格，方知古人并非以此置书，而是置放食具。若真如此，我不知此件应不应该也称"食盒"。

2011年3月

旧谊新知

梦见世襄老人

得知王世襄去世的那天，我找出了他的《锦灰堆》《明清家具珍赏》，一遍遍地翻阅。我什么都没读进去。脑际叠现的是他的许多故事和那张和善的笑脸。

世襄老人活了95岁高寿驾鹤仙去，理应击缶而歌，而我则仍痛惜。这不仅因为我对他的崇敬，更因为是在今后的几百年里很难再有他这样的人物。两年前我读《最后的文化贵族》，《南方日报》记者在对他的访谈中，一开头便说："21世纪可能还会出现个钱锺书，王世襄是出不了了。"

"我自幼及壮，从小学到大学，始终是玩物丧志，业荒于嬉。秋斗蟋蟀，冬怀鸣虫，鞴鹰逐兔，挈狗捉獾，皆乐之不疲。"读着世襄老人的这段自述，我真佩服他从小就这么明白。而我们的许多人，大凡都在经历半世人生蒙遭坎坷以后才恍然明白的。更有可怜之人到了生命的终结仍无此份明白。

世襄老人这种出世的人生态度，颇有庄子逍遥游的意味。可悲的是他想出世，"世"却不允他"出"。

1945年，抗战胜利。王世襄受命调查、收回被夺文物，其中不乏国宝，由故宫博物院等机构接收保管。1949年以后，此事却给他带来不尽劫难，"三反"时被关东岳庙四个月之久，后又在公安局手铐脚镣十个月，被故宫博物院除名，1957年之后又当了三十年"右派"。王世襄说:"解放后博物馆界有三个人自杀,以我的经历,他们就自杀十次了。我很坚强,蒸不熟、煮不烂,我就是我,我有一定之规,我按照我的道路走。"他写过一本《自珍集》,他说:"自珍者,更加严以律己,规规矩矩,堂堂正正做人。"他的"自珍"为他赢得了自尊。他一生写了四十本书,2003年获得荷兰克劳斯亲王最高荣誉奖。他笑到了最后。

"名士风流天下闻,方言苍泳寄情深。少年燕市称顽主,老大京华辑逸文。"这是杨宪益为王世襄赋的诗。纵观老人一生,好一个"我就是我",无论是"秋斗蟋蟀,冬怀鸣虫",还是手戴镣铐,身陷囹圄,他都是"王世襄",蔚为大家的他活出了别人都无法替代的意趣、风骨和境界。

形成对照的是当今世上太多的人已失去了自我。就在前不久,我的朋友叶毅在博客上写了一篇日记,记录了为筹集资金援助贫病同学的一次聚会,二十多年前他们曾为一个落难的穷教书匠捐过款。时过境迁,穷教书匠飞黄腾达,如今是一方诸侯,恰恰在今天的集资名单中没有这位达官要人,于是叶毅心生感慨,说他"把自己的来路都给遗忘了"。我倒想安慰叶毅,官当到这个份上,他已经不是"他"了,活着的只是他的躯壳,不能乱说乱动,不能随心所欲。他已沦为一具"木偶"。电视屏幕上,那些人的僵硬表情、满口套话、像背书一样的演说、硬挤出来的笑容,我们见得还少吗?说实在的,他们也可怜得很呢!尽管王世襄老两口曾经蜷曲在两个拼合的旧柜子内睡觉,却远比这些人活得自在、舒心、洒脱。

上世纪90年代,王世襄将其珍藏四十余年的79件明清家具珍品，以低价让与香港友人，只提出一个条件："你买我的家具必须全部给上博，自己一件也不能留。"他的《明式家具研究》，对于我辈无异于中国古典家具研究领域里的"圣经"。"玩物励志"，这是我眼中的王世襄。

也许是日有所思夜有所梦，那夜我梦见了他，像书上照片的打扮，戴一副眼镜，中式对襟棉袄。我疑惑老人远在北京，与我素昧平生，怎么来到上海。再一想，其母金章乃出身南浔豪门，抑或是老人从北京到南浔路过上海稍作逗留，再说夫人袁荃猷祖籍上海松江，老人也算得上是松江的女婿呢！他想再看一眼在上海博物馆的与他相伴几十年的明清家具，他顺便拐到嘉定来看一看由他题名的"嘉定竹刻博物馆"里，如今陈列些什么。

在梦中，我请老人写点什么。他在明代的书桌上摊开宣纸，握着笔，问："落款日期怎么写？"我说："当然写今天。"他说："那不对，我 11 月 28 日就过世，怎么能写今天？"

他笑嘻嘻地看着我，把我难住了。

这一难，把我难醒了。我睁开眼睛，惘然看着天花板。梦中那张宣纸一片空白。世襄老人会在纸上写什么，直至今天我仍在想，不尽地想。

2009 年 12 月

邵燕祥嘉定一日

2013年，邵燕祥老师有过一次嘉定之行。

能当面聆听邵老师风趣深刻的谈话，一直是我心之所向。2012年7月，我们从中国作协雾灵山创作之家回上海，路过北京，拜访过他。见面那天，我们提早到了相约地点。大厅里一位老人穿一件白色圆领汗衫、短裤，拉着辆可折叠的小车。我一看正是邵老师，一旁是他夫人谢大姐。他们刚从郊区回市区，坐的地铁。就在这次见面中，我们相约第二年在上海再见。

第二年开春之后，我一直留意关于邵老师的信息和行踪。4月，从微博中得知他们夫妇已回邵老师的故乡萧山。我即请朋友转达问候，并期待他们来上海，强调是前一年在北京的约定。

谢大姐终于来电话了，说"五一"来嘉定。邵老师知我喜茶，那天刚进门就赠我一罐"大山坞"安吉白茶，说是杭州作家王旭峰所赠，"两罐转赠其一，算是半壁江山。"他还是那么风趣幽默。

春季，正是嘉定白蚕与蒜苗上市时，嘉定白蚕与蒜苗的香糯久负盛名，上馆子不一定能吃到，我自己采购自己掌勺。邵老师食之连称其美味，称南下近一个月，此餐最合他意。邵老师知我写过王世襄，是个"世襄粉"，吃着家常菜肴，他说王世襄是个地道的美食家，不仅自己能做，而且能非常专业地品评。一些名厨每有"新作",都以能请他品尝为荣。香港有个叫土哥的,父亲曾是某省书记,20世纪80年代末,父子反目,土哥南下一心钻研厨艺。一日来京,说要为世襄老人做几个菜,自带食材、调料和全套菜具,在邵老师家厨房操作。王世襄喝一口土哥做的煲汤,夸其"神品"。邵老师还专门写了"神品"两字,以证此事不虚。邵老师与世襄老人关系非同一般,他说:"早知道你那么崇拜王世襄,他在世时,我是可以介绍你认识的。"至此,与王世襄我真有失之交臂的后悔。

午后,游嘉定孔庙。邵老师称赞宋代古迹能保护至今,很不容易。他说他最早了解嘉定是从"扬州十日""嘉定三屠"开始的。游罢州桥老街,我们在"敬茶坊"喝茶。我提到他刚出版的《邵燕祥自书打油诗》,邵老师说:"你看到了?我还没看到呢!"我说:"我是从网上看到的。诗好字好,真漂亮。"邵老师答应拿到样书后一定寄我们一册。

傍晚,我送邵老师谢大姐回市区宿地,满以为短短的嘉定一日游已画上句号。岂知没多久,他从北京不仅寄书,而且还寄来我非常喜欢的墨宝:"一千三百多年了,历历唐梅证一身。不为梅妃抒旧怨,何须马嵬溯前因。欲知往岁玄宗事,宜问上阳白发人。我自长安局外树,花开万朵伴生民。"江南之行,邵老师在余杭塘栖古镇拜唐梅闻系开元年间所植,即兴赋诗,借唐梅抒怀。

又过两个多月,我在《新民晚报》"夜光杯"读到邵老师《云水山房散诗》一组。《塘栖古镇拜唐梅闻系开元年间所植》当在其列,另一首《初来嘉定感怀》,更让我怦然心动:"史以真实能发聘,城因屠戮久知名。只缘某是清兵后(家母为满族血统),独向郊原吊冥灵。"

在嘉定这块土地上,邵老师仅因家母是满族血统,便"独向郊原吊冥灵"。我感慨良久。

2014 年 12 月

乡贤

全椒纪念吴敬梓活动,邀请了沪上出版家江曾培。江曾培,全椒人,13岁那年中学毕业,步行至滁州,然后搭上去南京的棚车,开始浪迹天涯。

离开全椒六十多年,老江仍喜欢家乡的锅巴。夫人弄不明白他为什么喜欢吃,"小时候经常吃,那滋味忘不了",浓浓的乡情老江无以掩饰、深入骨髓。他更为家乡人文历史骄傲,尤其是吴敬梓。胡适有言:"安徽第一个大文豪不是方苞,不是刘大櫆,也不是姚鼐,而是全椒县的吴敬梓。"鲁迅也对吴敬梓有极高的评价。可在上世纪70年代,在全椒问及吴敬梓,当地官员竟反问:"哪个公社的?"老江听后,心头一阵凉意,吴敬梓光耀全球烛照千古,可在他的故土竟被遗忘。上世纪80年代初,他去故乡寻访吴敬梓遗迹,竟一无所得。吴敬梓故宅称"探花第",是其曾祖、顺治年间探花吴国对所建,近十进,惜毁于咸丰年间兵火。老江幼年见过故宅遗址门前有四座鼓形旗杆石,可惜那天也不见影踪,说是"文革"时被人搬去砌井台、筑猪圈了。面对水波荡漾的襄河,老江思绪万千满腹惆怅。临别时,他再三建议全椒对吴敬梓要有足够的重视,四座旗杆石一定要找回来。

几年后,他再去故乡,吴敬梓纪念馆已落成。背山面水,飞檐翘角,他凭栏远眺,为家乡真正认识和重视吴敬梓而喜悦,四座旗杆石已被安置在馆前醒目处,成为镇馆之宝。

这次纪念活动,我有幸与老江一起参观吴敬梓纪念馆,徜徉在厅堂廊庑,我欣赏和体会它的风貌和内涵,无论是吴敬梓的塑像,还是展馆陈列和结构布局,老江都曾提过建设性的意见。在四座一米来高的旗杆石面前,我对老江和虚心采纳乡贤高见的当地政府顿生敬意。

各地都有历史文化名人,比如嘉定有钱大昕、顾维钧。各地也都有乡贤,然而对乡贤的进谏,态度却并不一样。乾隆三十二年,钱大昕告病归乡,购住宅潜研堂,原址在某地孩儿桥西侧,1980年因"城市建设"面临拆迁,乡贤力谏将其迁移至附近城内公园,有关部门却置若罔闻,一意孤行将其迁至僻远的浏河风景区。笔者去那里时,一代国学大师的故居成了当地职工食堂。三十年过去了,也许有官员想起了当年的提议,"潜研堂"终又显身嘉定州桥。如此来回折腾,何不当年便听乡贤一言呢?本世纪初,地产巨头开发房产,推土地驶至著名外交家顾维钧顾家宗祠墙脚下,宗祠的碑石一夜之间不知所终。乡贤们纷纷呼吁保护,有官员却横蛮地说:"你到马路上问老百姓,他们如果知道顾维钧是谁,我们就不拆。"愚昧与无知竟成了强拆的通行证,老街的历史风貌被活生生毁坏。时隔十年,又有官员提出是否把住宅区内沿河的住房拆掉一排,以恢复当年老街面目。拆掉新房盖旧房,这旧房还是原来的吗?早知今日,又何必当初?

全椒的纪念活动内容颇多,吴敬梓学术研究、《儒林外史》的高层论坛……纪念大会上,老江和全椒主要领导并排就座,不时交头接耳。散会后,他说他又向县里提了建议。

乡贤乡贤，一方贤达。踏上故土，一往情深，乡贤莫不如此。各地乡贤当学老江，各地政府也应学全椒，这样，我们在城市建设、经济和文化的发展上，歧路弯路是不是会少走一些呢？

2012 年 1 月

斋名"半闲草堂"

乙未开春,我在微信朋友圈发了一幅龚继先的画《春风拂槛露华浓》,牡丹、彩蝶,春光无限。文友千里光见了跟帖,说他采访过龚继先,觉得他是个少有的能看淡名利场的大画家。我说龚先生人好画好,斋名"半闲草堂",可见心境淡泊。我问他:"龚继先府上是北京民国大户人家,家里有小飞机。你知道不?"

千里光有点惊讶,问我此信息是否也通过采访所得。

我说我是与他一起吃老酒时听他说的,很精彩。

我与龚继先相识,是2009年深秋在青浦一个度假村。时任上海书画院执行院长的江宏约了龚继先、萧海春等在那里作画。江宏说:"你们有空,就一起来热闹热闹。来的话带茶和茶具,我们画画,你们吃茶。"我本闲逸,便一口答应,即刻拿了茶和茶具,驾车前往淀山湖畔。

到的时候,三位画家刚拉开架势,在瓶瓶罐罐上捣鼓墨色,准备纸张。不料东道主拿出的宣纸尺寸太小,画家们觉得不过瘾,问有没有八尺整张的。

东道主一筹莫展。

度假村环境好,地理位置却荒僻,附近无处购买笔墨纸砚。好在我平时交际还算广,在青浦也有"狐朋狗友"可找。我拨通申窑掌门人罗敬频手机,说明缘由,请他帮助。罗敬频说他有丈二整张的宣纸。画家们听了忙说:"好,丈二整张最好。"

合作画画一般由长者、德高望重者开笔。在场的都称龚继先为"老爷子",第一笔当由他挥毫。他稍作沉思,笔墨勾勒出几块形状各异、通灵剔透的太湖石,随后由萧海春画春梅,江宏画翠竹,最后再由"老爷子"收卷,画兰花、牡丹,题画名《春光图》。看着他笔下的几株粉色牡丹,舒瓣吐芳,摇曳生姿,我忍不住拍手称赞:"画得真好!"

"老爷子"转过头,笑眯眯地问:"你惦记上了?"我毫不掩饰,直言喜欢。

离开度假村时我和画家们握手话别。本以为淀山湖畔的笔会由此落幕,谁知仅隔两周,便生出"尾声"来。江宏说,他和龚继先要来嘉定。我当然欢迎。我知道他俩爱吃羊肉,好几年来江宏一直惦记安亭一个哑子开的羊肉店,可惜这店后来关掉了。这天下午我驾车转悠了半个嘉定,总算在马陆寻找到一爿合适的羊肉餐馆。

到了我家,龚继先说:"我给你送画来了。"这画就是那幅《春风拂槛露华浓》。

我很感动,两周前我随口说了句"喜欢","老爷子"就记心上。龚继先师承李苦禅、李可染等大家,其花鸟虫草深得八大山人精髓,画名远播。陈佩秋曾赞其"上界青藤、白阳,下至昌硕、白石,无所不极"。这样的一个大画家居然如此平易近人毫无架子。

喝茶期间,我取出一件紫砂壶请龚继先验证。他稍过目便称是他作品。前些年某单位请上海文人绘画写字,一幅画只制一把壶,龚继先应邀在列,画了佛手,后由许四海的"四海窑"烧制。稍经辗转,继先的一画一壶到了我手中。

茶后，我们直奔事先采点的羊肉馆。温着老酒，看着炭炉慢火烩炖羊什汤，嘴嚼着肥腴糯美的白切羊肉，刚端上的羊脚圈热腾腾地散发诱人气息，一桌饮食男女谈兴正浓。就在这天酒桌上，"老爷子"说他家里民国时有小飞机，小时候常在京都护城河上溜冰、故宫草丛中捉虫。他幼时就着迷历代文物、古时建筑，故宫有画展，总去看，慢慢地他开始涂涂画画。他祖父见了，买了本《芥子园画谱》让他临摹。从此他与画画结缘。1963年，他从中央美院毕业，被分配至上海人民美术出版社当美术编辑。报到那天，上海正好刮台风，风雨大作。列车在水幕中劈风斩浪。龚继先说他进上海坐的像不是火车，而是快艇。

龚继先后来担任上海人民美术出版社社长兼总编辑，1993年，请辞官职，坚决不二。从此，他潜心在家作画、读书。斋名"半闲草堂"，正是他心向闲逸的写照。也许正因为龚继先少年时见识过太多的荣华，上了年纪后，一些人梦寐以求的名利地位，在他眼里却成了累赘和包袱。

笔墨之道也是为人之道。人，脱俗了，画自然不凡。龚继先以"无求于世、自娱娱人"的心态处世绘画，不计工拙，不以赞毁挠怀，随心所欲，适意而已，南北兼容，工写兼涉，成就了他在当今花鸟画领域中的大家风范。

龚继先送的这幅《春风拂槛露华浓》现在长挂在我书房，我每每看它，除了感受画中的春色之外，就是学着像"老爷子"那样，处静守拙，离浊世远些，多得些超然的闲雅情怀。

2015 年 3 月

白菜本性徐秉言

竹刻大师徐秉言善画白菜我最早是听朋友陈鸣华说的,那时我还不认识秉言。陈鸣华说:"请秉言什么时候为你画棵白菜?"我知道他俩熟,也知道秉言誉满江南,当然求之不得。后来,鸣华去香港谋事,这事便不了了之。再后来,秉言通过嘉定竹刻家安之找到了我,并邀我做客。壬辰冬日,我与安之、荆歌等结伴去常州,在他书房看到他画的白菜,才知所传不虚。

秉言的这幅白菜画,尺寸不大,画中仅有的青白两色以及墨色构绘的线条极为素雅清淡,那种淡泊和朴素,丝毫不张扬。我站在画前,细细欣赏,不着边际地猜想,秉言父亲徐素白,他喜画白菜是否与父亲的名字有关?

素白大师是中国留青竹刻里程碑式的人物,秉言子承父业,为当代留青竹刻代表性人物。我见过他的多件竹刻作品,每件都让我欣赏不已。一件《兰斋案头》臂搁,一只灵动的松鼠圆睁双目,全身的绒毛在秉言的刻刀下细致入微,疏密有序,观之如觉其绵软,给人一种可以触摸的手感。这种感觉我在观徐素白的《海棠小鸡笔筒》时曾经有过。可见秉言深得素白大师真传。

秉言喜欢写意,小小竹片让他常觉不过瘾,于是又在红木雕刻上笔墨酣畅地施展才情。他的红木雕刻被艺术界誉为"一枝独秀",驰名海内外。

秉言年轻时曾在无锡轻工学院造型美术系学习深造，这使他对中国书画的传统艺术有了很深刻的领悟。他说：刀笔同根同源，"雕刻艺术的创新有赖于书画艺术的创新。懂画会画是刻家的必修课。"秉言深谙此道。一直不放松对书画的研习。他绘画专攻果蔬，尤以大白菜为最。他说："一个人精力有限，什么都想画，很可能什么都画不好。"有一年，江苏省美协办画展，要各地送作品，常州有关部门请他也交画参展。他为了画白菜，每天走菜场，观察形态各异的白菜，大的小的，紧的松的，青的白的，根部叶脉，一一琢磨，回到家里铺纸摹绘，前前后后画了百余张。有付出，必定有收获。终于他画出了自己满意的作品。展出那天，江苏省美协副主席、著名花鸟画家陈大羽先生在秉言画前站立很久，细细观赏，称赞不已。

果蔬白菜也是秉言竹木雕刻、紫陶雕刻的重要内容之一。他有一件留青臂搁，刻的就是一只萝卜，同样清淡质朴。另有一件红木雕刻《园蔬愈珍馐》，是秉言1993年的作品，虽寥寥几笔几刀，有虚有实，有深有浅，较之绘画更立体更具质感，却依旧朴实无华。

古往今来，齐白石、吴昌硕、郑午昌等大师都绘过萝卜、白菜。吴昌硕画中题句："真读书者必无封侯食肉相，只咬得菜根耳。"体现了他的清淡品性。抗战期间，郑午昌在上海办"白菜画展"更是轰动一时。"不写牡丹写菜根""如留清白与儿孙"借白菜清白素净，郑午昌喻人格秉性。今日，秉言画白菜、刻白菜，也正是他朴实品性的宣泄和表达。

在宜兴，秉言介绍我认识了壶艺家尹建平，尹建平与秉言合作的紫壶作品已为海内外多位著名人士收藏。壶艺精湛，尹建平敦厚淳朴依旧。我见他用的碗是紫泥手工所制，浑圆厚敦，喜爱之极。我请他也为我做几个。秉言听着，忙说："好，我来刻大白菜。"不经意之中，秉言再次显露他喜粗茶淡饭，传清白家风的品性。秉言工作室有一副对联："事能知足心常乐，人到无求品自高。"白菜味淡心清，正如秉言的处事为人。

与我同去常州的苏州作家荆歌也知秉言擅画白菜，他随身带一件小手卷，上面已有诸多画家笔墨，临别时说："徐老师，请你为我画棵白菜。"秉言一口答应，并说也要为我画白菜。想起陈鸣华曾经的许诺，我唯有开心感谢。

寻常白菜，此时却让文人间心灵相通。

2013年3月

叶广芩初来嘉定

2014年7月,叶广芩因公务活动到江南。广芩是殷慧芬的好友,两人曾一起参加中国作家庐山、武夷山多次笔会,住一个房间,友谊很深。得知叶广芩到了上海,殷慧芬邀她在嘉定一聚。广芩一口答应,很爽快。

一到嘉定,叶广芩问殷慧芬:"什么地方有麻料布衫卖?"殷慧芬说有啊,于是直奔州桥一家叫"淡紫青衫"的小店。殷慧芬特别介绍,上回王安忆来也在这家店铺买了衣服,"安忆去德国讲学,穿着这套衣服走在街上,回头率还挺高的"。

"淡紫青衫"店主小高,毕业于大学中文系,见写《采桑子》《状元媒》《青木川》的著名作家光临,自然笑逐颜开,既热情又周到。叶广芩疯狂扫货,一口气挑了十余件麻布衫,一边试衣一边说笑:"到一地方就得找'汉奸',没慧芬,我到哪去找这样的铺子?兜一天南京路也甭想找到。"殷慧芬在她嘴里就成了她在上海的"汉奸"。

午饭后,逛明代古典园林秋霞圃。对碧梧轩、丛桂轩、涉趣桥、米汁囊等,广芩赞不绝口,既感慨古代文人在园林设计上的精思巧想,更赞美其与北方园林迥异的风格:小巧,精美,幽静。有点累了,我们在荷花池畔"柳云居"旁坐下,向茶室要了一只热水瓶,品茗自己带的福鼎野生白牡丹茶。广芩说这茶好。

喝着茶,殷慧芬和叶广芩彼此推心置腹,感觉似乎又回到了十多年前,在庐山,在那个小别墅,那个可以眺望青山的大露台……

回到家,我们又一起喝了壶陈年老寿眉。广芩又说这茶好。我悄悄地在殷慧芬送她的绣花挎包里塞了两罐特级野生白牡丹和一饼陈年老寿眉。坐在茶桌前,面对紫壶建盏,闻着袅绕轻拂的茶烟,广芩又说南方人的生活实在是精致,恰如刚游览过的秋霞圃。

晚饭在自己家喝绿豆粥,佐以南翔小笼和几碟小菜:凉拌黄瓜、虾皮蒜茸蒸丝瓜、酱乳瓜、海苔肉松、酒醉黄泥螺……广芩说好吃,只是对黄泥螺颇感陌生。她说南方人吃的,也讲究。围着清中期的那张清代双拼半圆桌,这位昔日的"格格"心生感慨:"我们家都是新的了,老的都没有了。"

她的这种感慨,我在拙著《月河淘旧》的"跋"中写到过。我找出那书,翻到那段文字,念给她听:"对古代优秀文化遗产的糟蹋,许多年里比比皆是。殷慧芬的好友、著名作家叶广芩是清皇室叶赫那拉氏的后裔,1966年,无奈将历代名画撕碎当废纸卖,足足有两百多斤。几年前,殷慧芬与她一起参加过多次笔会,每到一地,殷慧芬有时会关注当地的古玩市场,叶广芩却不屑一顾,除了她年幼时什么古玩都见识过之外,我揣测她若再见那些古物时,内心一定是百感交集的。"她听我读完,说:"是这样。"

叶广芩喜欢我们家那张清代的雕花供桌:"看看这蜻蜓雕得多好。"又指着那只老榆木圆包圆方杌说:"那应该是一对。四个就不对了,四个是凳。这杌知道是干啥用的吧?是抽大烟时放在榻边上，作辅助用的。"她到底是见识过的，知道不少。

翻着《月河淘旧》，看着其中关于古典家具插图，或许勾起了她许多记忆。"真好。这书我想要。"她说，"我们家的古董字画，也不是别人，是我们自己在'文化大革命'时，烧的烧，砸的砸，卖的卖。光字画当废纸卖，别人用平板车来拉，徐悲鸿的、溥心畬的都有，我父亲曾在国立北平艺术专科学校任教，那是中央美术学院前身，校长是徐悲鸿。我哥是徐悲鸿学生。"叶广芩在家排行老八，全家人想热闹的话，能各扮角色演一出《打渔杀家》之类的京戏。他有个哥哥拿家里一个官窑瓷碗变卖给别人，那人又拿着瓷碗去卖给故宫，故宫鉴定那碗的又恰是她另一个哥哥，看了这碗说："这是我们家的。"当场给没收了。

晚饭后，看着桌上碗碟，叶广芩说了句："瓷器还是我们家的好。"

我望着她，想着这话的意思。不知她是在为失去太多而惋惜，还是在为劫后余生的旧瓷而庆幸？

2015 年 4 月

与吴亮一起喝茶

吴亮喜欢来我家里喝茶,每次来,他放下双肩包,就坐在茶桌前:"阿姐开始上班。"殷慧芬就很开心地烧水烫壶温杯沏茶。

认识吴亮是在上世纪80年代。那时张文中在《解放日报》上写专栏《破壁者列传》,写过吴亮,也写过殷慧芬。我喜欢吴亮文章,睿智、思辨,又不乏尖锐。在书店,见吴亮新著,大凡都购。

与吴亮交往频繁,是近几年。有次他来嘉定,说他在写70年代。我一听就兴趣浓烈。我与吴亮同辈,都经历过70年代。吴亮怎么看那些岁月,我很想知道。吴亮回家后把已写的篇章通过"伊妹儿"发给我。我一口气读完《没有地址的信》《为了夭折的美好理想》等篇章,连呼痛快。后来他结集《我的罗陀斯》出版,我又较早得到签名本,成为我案头少数几本可以反复阅读的当代作家的文本。

今年春节后,吴亮先后四次来我这里。4月,他偶染小恙,低热,来电话说想在嘉定住两天,养心养身,安静地写些东西。我说欢迎呵,安排他在我家附近的酒店入住,"写东西觉得吃力了,走几步就可到我家来喝茶。"他很满意,几乎每天来,或午后,或夜晚,说在我这里喝茶心情最放松。我平生喜茶,家里储有各类好茶,又恰逢刚从福鼎嵛山岛访茶回来,便以刚采制的白牡丹和陈年老寿眉款待。听我介绍白茶如何被称"一年茶、三年药、七年宝",如何"功同犀角""价同金坪",如何深受英国皇室和贵族钟爱,吴亮极感兴趣,让我写下来,"省得我忘记脱,人家问起来我讲不清"。说来也怪,几杯茶下肚,尤其一壶陈年老寿眉,吴亮竟浑身冒汗,连呼舒服。两天后临走时说身体好了,低热退了。

回市区后吴亮仍齿颊留香念念不忘,说5月中旬南京画家汤国在上海有画展,想与汤国再来嘉定喝茶。我知道汤国,善画,对古建筑古家具极有研究,获得"联合国教科文组织亚太地区文化遗产保护奖"的北京智珠寺古建筑群即由他主持修缮。我有同喜,当然欢迎大驾光临。

其时,有福建朋友给我寄来武夷山牛栏坑和马头岩的肉桂,我说喝"牛肉""马肉"。吴亮一开始不解,牛肉马肉怎么能喝?我说武夷岩茶有名丛、水仙、肉桂、奇种,名丛中有大红袍、铁罗汉、白鸡冠、水金龟等,"牛肉""马肉"是牛栏坑、马头岩肉桂的简称。他大笑,又要我用笔写。我说:茶的学问你就别研究了,留给老哥做,有好茶你只管喝就是。他笑笑,不再坚持,对"牛肉""马肉"极为赞赏。最近一次来,是与孙甘露、朱大可等在嘉定图书馆开讲座。讲座在下午,他却一早赶来我家喝茶,特地穿一件新衣衫,谁知一壶"牛肉"下肚,汗流浃背,他怕有损下午电视录像时的形象,赶紧从双肩包里找出旧衫换上。新衣留到开讲座时再穿。

吴亮每次来,都给我带来尚未发表的新作,让我先读为快,如《西绪弗斯,还是普罗米修斯?》《隐藏的文学肖像》等,批判入木三分，犀利尖锐。我读后在钦佩他博览群书学识渊博的同时，很过瘾，深觉如品一壶浓酽的好茶，酣畅淋漓又令人回味不尽。

出自吴亮那颗前庭饱满硕大脑袋的文字，像产自高山的好茶，没有污染。与吴亮一起喝茶，他收获茶的甘醇，我收获思想的丰厚。

2013 年 7 月

韩冬的宁静世界

癸巳深秋,吴亮与画家韩冬夫妇来嘉定,韩冬说他在扬州东关街买了座老院子,三屋两厢房,很有点味道,欢迎我们去看看。

两个月后,我们终于成行。到了扬州,吃了点豆腐花、烧饼,即去韩家小院。

老巷子,小院子,青砖地……院子里种着丹桂、兰花、芭蕉……一棵石榴,树叶在寒冬中已落尽,枝梢上却挂着颗黑红斑驳的果子,映在古墙背面大片天空中,很有点八大的意味。屋里是老家具,榉木方桌、靠背椅、条案、方凳,很质朴。韩冬在这里淡然处之地修心、作画,生活在一个疏远而贴近心灵的世界。

客厅墙上挂着一幅画,疏林、淡墨,有倪瓒的气息在,但又不同倪瓒。画中央用红线勾勒了两个方框。我问吴亮:为什么要画框?吴亮说:"可用透视来解释,这线条告诉观众这只是个平面,是幅画。"在艺术上,尤其是在西方现代艺术上,吴亮确实知道得多。

韩冬说:"这是一张照片的投影,国外有以投影作画的。我与他们不同的是,我还有第二阶段,那就是用中国画的水墨表现这种镜像。"听韩冬如是说,我忽觉他是对中国传统水墨画的一种创造。这种创造在吴亮眼里是重建,韩冬用他的思考和方法重建了他的绘画世界。他跳跃了中国画一般意义上的传承，用现代方式构图，然后再在第二阶段的创作中寻找与中国水墨画的沟通，比如线条，比如墨晕，比如干笔皴擦等等。英国画家弗朗西斯·培根作画也曾取材于照片并展开想象。照片记录了一瞬，而在绘画过程中，培根和韩冬都在寻找着将一瞬转成永恒的意外。

韩冬带我们进他书房，从抽屉里取出厚厚一叠画。我们逐幅欣赏，感受他对水墨画的创造力。中国画一般不外乎山水、人物、花鸟，而韩冬所表现的却多为当代场景，普通椅凳、瓶瓶罐罐、窗户栏杆、水泥路桥、现代建筑。一幅《夜色》，画面上一张藤椅、半张桌子，桌上半个茶杯，背景一角树影扶疏。后面是灰白交织的天空，前面是满地月光和器物在月光地上的影子，令人想象无限。

第二天，去市郊甘泉乡。离开的时候，韩冬指着不远处的一片树林，说："挂在家里那幅画，取的景就是后面几棵小树。"冬日的扬州乡下景色很美，疏密相间的树林、农舍、小池塘和水中的倒影，本就如画。身处此境，让人感到出世般宁静。

韩冬也画油画，如果说他的水墨是用古典笔触表现当今题材，那么他的油画则是用现代技法讲述古典故事。一种形而上的意味弥漫在他的油画中。他笔下的裸女，不娇柔，不艳媚，无淫色，无邪念，很本我，很素朴。她们裸露着很自然的生活气息，像是夏娃。我最喜欢的那幅《一路莲花》，其中禅意让我品味许久。人与莲花、梅花、虎、鹿、鸟……与大自然万物都平和相处，也许正是韩冬想表达的。

没有色块的堆积，没有浓妆艳抹，韩冬的油画一如他的水墨，素白淡雅。当许多画家追求视觉冲击力和感官刺激时，韩冬以他的清淡征服了我。这种清淡源自他内心的宁静平和。

　　身是菩提树，心如明镜台。我们常说"淡泊明志""宁静致远"，在韩冬的画中和他持戒修禅的人生中，我感觉到了。

2014 年 2 月

人物命运和丰厚内涵

——读王周生散文集《桥在水上》

读完王周生的散文集《桥在水上》,很过瘾。王周生用人物命运对那个荒诞年代的鞭挞是无情的,尖锐的,发人深思的。我们都从那个年代过来,读《沈农科》,我就想那些年里我身边的"沈农科"。车间里有个戴帽的"四类分子",什么苦活累活都是他干,整天满头大汗,见人却总是低头赔笑。我想,我关注过他吗?同情过他吗?可以毫不夸张地说,王周生笔下的沈农科已成为那个年代的一个文学典型。

一篇《小米》,读来同样让我唏嘘不已。很美的女知青小米在稻田插秧,因为插得快,把别人都甩在后面。跟在她后面的一个男生站起来喘口气,看见小米半个脊背露在外面,"肌肤雪白耀眼"。男生喊了一声:"喂,侬衣裳太短,脊背露出来了!"就因为背脊露出被人看到,之后小米失踪了。两天后,河里浮起小米的尸体,令人震惊的"小米的衣服下摆和裤腰,缝得严严实实"。

今天的年轻人也许觉得不可思议,但在那个禁锢的年代却是不争的事实。殷慧芬写过小说《欲望的舞蹈》,批判的也是那个年代对蓬勃青春、欲望和人性的禁锢与压抑。当年,车间里有个与殷慧芬一起进厂的姑娘,长得比较丰满,无论穿什么衣裳都难掩饰她身体的曲线,加上她走路一扭一扭,大家叫她"黑嗲",背后不乏讥笑嘲讽。她虽没像小米那样把别人的眼光太当回事,但她的内心一定也很苦闷。回想当年,青春就像被铁丝绑扎的小树,硬是被规定往"他们"设定的一个方向生长,美丽却悲哀,令人窒息。我觉得这和封建年代女性小小年纪被裹缠小脚在本质上没什么不同。

作为书名的《桥在水上》以及《一撇一捺的人》等篇也写得好。王周生在歌颂人性美好的同时,更多的是思考人与人之间应该是一种什么样的关系。2014年元旦,她与王安忆、王小鹰来嘉定,她与嘉定草编老人的交流,她硬是把超过她买的那顶草帽价值的钱塞在老人的手中。想起这情景,我似乎对她的这些文章更多了一份理解。

王周生是个优秀的小说家,优秀的小说家写散文,注重人物命运,注重细节,更注重故事背后丰厚的内涵,好看且耐看。在看腻了一些文字华丽、装腔作势、佯装深奥而实际很苍白的所谓"散文"之后,读王周生的《桥在水上》,让我耳目一新发人深思,有一种久违的阅读快感。

我认识王周生是上世纪70年代的一次文学活动,40年过去了,王周生令人刮目相看。她的作品如她的为人,正直,善良,不虚假。

2015 年 10 月

谁在西亭说了算

——读张旻长篇小说《邓局长》

张旻的小说我一直喜欢,我曾在《张旻印象》中说,读他的小说如同驶一只小船,在江南水乡的河流中行走。行船一定快不得,因为一快就生怕错过了什么美好的却又不易察觉的景致。行船又一定停不得,因为张旻的叙述语言又在告诉你,前面的景致将更为动人。张旻的长篇新作《邓局长》同样有着这样的魅力。

小说一开始就说西亭一个身价数亿的房地产老板刘德清被害,现场凶犯贴着一张字条,上写"谁在西亭说了算",此言正是被害人生前之名言。刘德清仗着自己显赫家产,曾经一度占有凶犯金钟来年轻美貌的妻子文昕。金钟来也一直以为长期霸占自己妻子的是骄横跋扈的刘德清,选择人白天让他一命呜呼,似乎在证明西亭更是金钟来说了算。其实真正占有文昕的并非刘德清,而是金钟来的远房表哥、建设局副局长邓涛。蒙在鼓里的金钟来非但不恨邓涛,反而对他百般感恩。最后,刘德清命归黄泉,金钟来锒铛入狱,文昕名正言顺地成为邓局长的合法妻子。"有情人终成眷属"的结局看似荒诞,演绎的情节也峰回路转、一波三折,扑朔迷离的背后却给人一连串值得玩味的深思。

张旻对小说人物的构思可谓独具匠心。读罢小说,我总觉得作品中的邓涛、文昕、刘德清、金钟来,都是有着典型意义、却又并不简单的某个符号。权力和财富的拥有者对原本属于普通平民的美好事物都垂涎三尺,刘德清明目张胆的豪夺、邓涛费尽心机的巧取莫不如此。最后在西亭说了算的还是权力的握有者。小说的结局,邓涛不但拥有文昕,而且还拥有了金钟来的父母、儿子,以及刘德清赠予文昕的别墅,其乐融融,志得意满。小说末句写道:"'我再也不会放开你!'我抱紧她说。"这里的"我"是邓涛,"她"是文昕。邓涛不会放开的只是文昕吗?

小说最初在《收获》发表时的名字并不是《邓局长》,而是《谁在西亭说了算》。最初的书名比现在的似乎内涵更丰富。

2009 年 12 月

纸上"歌咏泛舟"

荆歌是小说家,他的《我们的爱情》《鸟巢》等我都读过,才情过人。忽然间,他摇身一变,写字作画了,一经亮相就受追捧,喜欢的人挤挤攘攘争先恐后,其热烈程度不输他在书店签名售书。

荆歌善写字作画,几年前我就知道。朋友圈中我是较早获得他赠字的。那时,他让我看苏州一位书法家的字。我说:"你写的不比他差。"又有一次,在平湖看李叔同的字,我说:"你的字,风格与弘一近。"他很开心,说要为我写。没几天,寄来三幅字,分别录了周作人郁达夫的诗,一幅扇面写了毛熙震的旧诗词。尺幅不大,字字如春天桃花,娟秀而不张扬,内敛而蓄芬芳。

他长发飘飘倜傥潇洒,我土不拉叽像个老农民,外貌迥异,内心却意气相投。对世道清浊艺界雅俗,我与他常有共同语言。同是玩家,一起寻古访旧,探窑迷壶,赏玉玩竹,我们甚至常为一件作品同时叫好。他在壶上写字不忘为我留一把,我有好友来访也会唤他一声。他的《文玩杂说》与我的《月河淘旧》被出版社编入同一套丛书,更是说明了彼此的缘分。

1949年以后,能写一手好字的读书人日趋稀罕。荆歌当属少数。荆歌练字有三十多年,他说:"小时候,父亲规定我写字,一天三页柳公权,一周检查一次,为此不知挨了多少打。"严厉的父亲造就了他的今日。他也学画,看他今天画的山石、香炉、荷塘，无论构图、线条、墨晕、虚实都颇扎实，颇得要领。

荆歌又不是一般的书画家。有一回，竹刻家安之觅来汉代瓦当拓印的宣纸，让荆歌分别写给四位朋友。他先为我写："窗外有枝修竹，他说与我相熟，前世常在一起婆娑，他有千个嫌少，我有万个不多，有个少女折枝，做柄扇子随着晚风轻摇，心事谁人知道，所以今生爱竹，有竹最是风雅，无竹也可不俗，爱竹犹如爱你，不可一日无竹，来世化为洞箫，为你江南歌哭。"荆歌即兴吟唱是因为我和妻子殷慧芬的前世今生，我笃信他不会再为别人这样写，也再无别人会这样为我们写。随性而出的文字如诗如歌，本就是文学创作，那些拿着小本本只会依样画葫芦抄古人诗句的写字人能吗？

我有一幅荆歌的字："醉后留痕，醒来补刀。安之兄素手神刀，嗜烟好酒，某日在楼府饮茶，高谈阔论，手舞足蹈，竟将如磐茶案拍伤，所幸用刀出神入化，可将划痕点化为画也。壬辰。荆歌。"这是一页书法作品，更是一篇新《世说新语》。出口成章，只因为荆歌是小说家。

荆歌说：好字"有特点、有情趣、不固定、多变化，天真稚拙、心手相连"。其实，创造性的内容更是优秀书法作品的重要方面。王羲之《兰亭序》，颜真卿《祭侄文稿》，苏东坡、黄庭坚激情挥洒直抒胸臆，莫不如此。

荆歌画画也是如此。他画石头，写"春光易逝，秋风如诉，好朋友温暖我心，恒若磐石"，一段文字便让画印刻上了荆歌的符号。他画一位拖长辫的书生在江南山地独步，写："俺二十多岁的时候，在一所中学当老师。学校的前身是一座庵堂。每天放学后，学校便几乎空无一人，只有我。那时候的我，喜欢穿一件中式棉袄,双手背在身后。我就像拖着一条辫子的古人,总是在校园里无比惆怅地看远方似有若无的山光和塔影。"文字是图的解说,图是文字的插画。有人物,有音容动作,有环境描写,有细节更有心情,荆歌分明在写小说。

小说家善于捕捉细节,荆歌的画也是。他的《1980年代:双卡录音机和喇叭裤》,画一位长发男子手提录音机穿街而过,那个年代和情景重现,栩栩如生。令人击节赞叹的是他不画男子头部,他的长发是通过阳光投射的身影来表现的,画面重点突出喇叭裤和手提录音机,构思巧妙,又仿佛在写小说。一段文字:"提着邓丽君的歌穿过大街和小巷,裤腿生风,心与长发一起飞扬",更让人感到其中的小说意味,却比读小说更生动。

优秀的小说家追求作品的深刻内涵。作画亦然。荆歌画一串被捆绑的螃蟹,几行文字让我怦然心动:"我在震泽教书的时候,有一个男生天天被叫到办公室,各科老师都车轮般折磨他,他终于由差生变成了学习成绩优秀的人,但他却在毕业前夜淹死了,他曾拎来一串螃蟹送我,稻草扎着就像他的命运。"同情、惋惜、愤怒、控诉,荆歌的感情不言而喻。荆歌更在情感的喷泻中体现了作品形而下和形而上的意味。

荆歌新近画了一幅渔翁泛舟图,有文字说"不管清流浊流,我自歌咏泛舟",这正是他的自我写照。"丹青不知老将至,往事于我若浮云",写小说的荆歌写字作画不一般,以笔墨在纸上"歌咏泛舟",境界甚是美好。

2013年9月

陈杰和他的织锦7号

到福州的第二天,漆艺收藏家刘国斌带我们直奔荆溪镇"绿洲家园"陈杰工作室。

陈杰的庭院很美,三层高的小楼墙上爬满绿色藤叶,周边两间小木屋绿树掩映,园子中央最醒目处是一张大茶桌,那是棵大树的剖面,足有二米多长,一米来宽,日久天长在风雨阳光下显得满目沧桑,背后一排修竹,一旁大缸中初放的睡莲,几把藤椅,将这茗茶之处营造得风雅万分。

陈杰笑呵呵站在那里迎接我们远道而来,五十来岁,一件太普通不过的墨绿色圆领汗衫,没一点"大师"的腔势,十分随和。"喝茶。咱们边喝边聊。"他让我们在小木屋里坐下,那是个茶室,却展示着漆艺,大至茶桌、家具、屏风,小如茶盘、茶罐、水盂,无一不是漆器。最为醒目的当数《蝴蝶系列》大屏风,碧色的水面泛着金色波纹,姿态各异的蝴蝶竞相展示着各自的美艳仪态,舒缓洒脱,自由自在,我站在面前,对这些蝴蝶忽然心生妒羡,难怪世上痴情男女都爱做化蝶的梦。

也许平生爱茶,陈杰用的那茶盘我越看越喜欢,亮如镜,厚如石,棕黄交替的色泽如豹纹虎皮,变幻无穷,金灿灿的异常夺目。陈杰以好茶款待,大家却迫不及待想看他的作品,他会意地一笑:"好呵,那看看去。"

那三层小楼是陈杰的工作室和陈列室,周边靠墙依然是他的《蝴蝶系列》大屏风,只是底色换成了红的与黑的,门口一棵银漆小树枝桠上挂满各色犀皮漆手镯,刘国斌说:"漆艺手镯,赢得无数美人心。"这话真不假,女士们都被这些手镯吸引,纷纷挑选着喜欢的色彩。

我一心想买一个茶盘。陈杰的每一款大漆茶盘都让我爱不释手。这款底是黑漆,一角却如华贵锦衣;那款为芭蕉叶状,叶脉以绿、金两色勾画,看似不经意,却极具匠心,叶端停栖一只金蝉,工笔细绘,蝉翼通透,更令人叫绝。再三比较斟酌,我对陈杰说:"最喜欢的是你正在用的茶盘。"陈杰一听,吃一惊:"那是我的作品,就这么一件。""那别的也是你作品哇。"我瞅着他。他说:"那不一样,有的是我指导学生做的。这一件从头到尾都由我做的。"他拿出一本《恋人絮语——漆艺家陈杰》,翻到其中一页,这件茶盘赫然在目,名为《织锦7号》,2010年12月在中国工美珍宝馆展出过。我更是紧追不舍。刘国斌也在一边"撬边",当着说客,陈杰终于被说服。

再次坐下喝茶的时候,陈杰为炫耀大漆的不一般,用烟头在那件已属于我的茶盘上用力一按,那烟蒂就像烫在我身上,我一阵心疼。陈杰却连说没事,然后轻轻一擦,一吹,茶盘上竟一点被烫过的印痕都没有。"大漆就是不同,它不怕烫。"刘国斌一听,也要用烟头烫。我赶紧阻止。陈杰说,这大漆的"漆"原先写为"桼",上木下水,刀割后,漆树流下的树脂便是漆。"漆树只生长在亚洲,割漆树时不能超过十刀,一棵漆树年产量不过七八两,割一年还得让树休息一年。这大漆远比合成漆珍贵呵!"听着陈杰满含深情的叙述，顿觉满屋大漆制品仿佛都有生命一般，那是漆树淌下的血泪再生。我不忍心我的茶盘再有任何创伤，赶紧把它包装起来。就在这霎时间，我看到茶盘的底部有着陈杰用大漆签下的大名和日期，这应是他的落款。而陈杰大部分漆器制品是没有落款的。

陈杰从事漆艺已三十年，上世纪80年代，从福建工艺美校漆艺专业毕业后，一度学非所用，被安排到旅游局。之后，他毅然辞职下海，1988年，他一头扎进漆艺世界，让传统的大漆艺术以全新面目亮相福州。陈杰也画漆画，但他不只把它当作美术的一个分支，他更在乎艺术与生活的互为交融，尤其是将漆艺与茶道结合，于是华丽转身，大漆茶盘、水盂水瓢、茶罐茶盒，让漆艺在茗茶中显露它的缤纷多彩，走入寻常百姓家。在这一点上，他与我很投缘，我平日喜欢收藏多半也在于欣赏之余的实用性。

临别时，除了无法搬运的大件屏风、家具外，其他与茶相关的漆制品我几乎无一遗漏，连他自用的和作样品用的也都被我一并卷走。

绵延几百里的闽江仿佛也知道陈杰的精湛漆艺，故意在这里拐了个弯。欣赏着闽江两岸的美景，我夸陈杰找了个好地方。陈杰说他选择这里还有一个原因，附近是鼓山州村，一个有数百年历史传承的漆乡。

曾几何时，中华大地有着七千年历史的漆艺一度曾无处可寻，漆器差不多成为东瀛日本的尊贵。如今，福州包括陈杰在内的漆艺家经过不懈努力，终于又让大漆艺术风光无限。我所收藏的《织锦7号》茶盘,它的莹莹光泽和斑斓多姿也仿佛在如此叙说。

2011年9月

申窑的"浪头"

申窑掌门人罗敬频一说话就激情四射,无论内容和音调都似澎湃海浪,给人以冲击波。久而久之,几个好友私下里给他取了个外号,叫"罗浪头"。有时我一不小心在他面前脱口而出,他听了也不生气,笑呵呵地为他的"浪头"辩解:"都说低调才有腔调,其实有时高调也是腔调。"

其实,他的经历并不都是"高调"。少年时他喜欢画画篆刻,家庭经济条件不好,为买一本陈巨来先生的印谱,还要向三个同学借钞票。他的两个同学当着我面揭过他的短,说他一副眼镜脚跌断了用橡皮膏包一包,戴着继续刻印。

1988年罗敬频成为青浦画院专业画师。1993年他却忍不住艺术的寂寞,用父母给他办婚事的3万元资金注册房产开发公司,开始在商海起伏。掘得第一桶金后,又转身"杀"回艺坛,试图歌唱"高调"人生。他在江桥虞姬墩路租了厂房,投资陶瓷作坊,命名"申窑"。2005年2月18日,在江桥一个乡镇的会议中心,法国国会议员哈乌先生向他颁发了"法兰西共和国荣誉勋章——中法文化交流年特别奖"。这应该说是他人生真正的"高调"时刻。可之后,事业似又有起伏。难能可贵的是他一直不气馁,没从上下起落的浪潮中退下阵来。

不久前我又去申窑,先到华江路上尚未动工的"申窑艺术中心",原是老厂房,有25亩地,车间里高高的行车都还原封不动地留着,室外却是杂草丛生。罗敬频踌躇满志,指看那块荒地口吐豪言:"这里是柴窑,未来的博物馆在那里,计划中还有展示当代艺术的秀场……"言语之间依然给人强烈感染。

回到新泽园的窑里,多时没去,展厅除了之前见到过的俞晓夫、马小娟、黄阿忠、石禅等画家作品外,又多了张桂铭、杨正新等大家的新品。张桂铭的瓷画布局、线条、用色皆有独到之处,在瓷器上的绘画语言简洁却富张力、变化又含气韵,尤其看他由多个单体形象组建的整体画面,我感到瓷坯也许是纸之外又一个适宜张桂铭抒发才情的领域。

在我赞美张桂铭的片刻,罗敬频又掼"浪头":"若干年前,我与上海的著名画家签约,'申窑艺术中心'成立后,我要与全国的一流画家签约。"我悄悄问他有哪些大家在他视野之中,他也悄然向我透露一两个大名,果然如雷贯耳。

展台上几排颜色釉瓷让我眼睛一亮。这正是罗敬频颇为得意的又一新"浪头"。五彩斑斓,明亮神秘,颜色釉瓷品的艳丽雅致可比赵无极的油画,唯一不同的是它的变幻莫测全凭烧窑时的"上帝之手"。在1300 ℃的高温中,不确定的釉料流变和还原构成了令人惊叹的独特魅力。"这一件叫'春花',旁边的叫'秋云',此件我冠名'夕阳晚霞',都很漂亮。"罗敬频向我逐件介绍,像在作诗,又像在介绍自己女儿。"不可复制的,仅此一件的艺术。"好诗如此,女儿如此,颜色釉亦如此。

罗敬频试制的颜色釉茶具和食具,我很喜欢。那黄釉小碗雍贵的色泽让我一下子想到皇家的御用官窑,更胜一筹的是黄釉上点点滴滴任意流动的黑釉，出窑后简直像昔日建窑兔毫盏滴油盏的曜变。那天正逢开窑，罗敬频在众多的瓷品中，发现一只黄釉碗，外壁黑釉幻化的图案如四枝错落有致的修竹，他捧在手里，喜悦无比，说这真是"上帝之手"的造化，可遇不可求，十炉百炉也不一定有此佳品。我给它取名"四君子"，罗敬频连声叫好。后来我得知有一收藏家想以万元的价格求购，罗敬频都没舍得。"浪头"很大的罗敬频骨子里喜欢的还是谦谦君子。

  一种难以言说的美，蕴蓄在申窑的艺术品中，这也许正是罗敬频有底气掼"浪头"的资本。即将启动的"申窑艺术中心"，或许将成为嘉定、大虹桥地区文化艺术的新地标。"罗浪头"，我们期待你的更加波澜壮阔的新"浪头"。

2014 年 12 月

禅意久远

我与石禅都喜欢茶。我最初喝的台湾大禹岭茶就是石禅送的。我也送过他茶,四十多年前的用羊皮、竹篓包装的康砖金尖边路茶。

因为茶,就喜欢茶盏紫壶。石禅画画之余玩瓷玩壶,颇有心得。石禅的画中看似随意的线条,却诗情流淌,让我品味不尽。这线条在瓷坯上、紫泥上同样极为美妙,时有精彩亮相。他赠我把玩的一件小井栏壶我就很喜欢,壶壁寥寥几笔兰草,飘逸生动,所题"清露"两字让我在品茗时更觉茶之甘醇。

我与石禅也喜老家具。石禅痴迷程度为常人少见,为了得到他所喜爱的器物,他想方设法,志在必得,最奏效的一招是送画。我转让过他多件心仪之老家具,也因此得过他画。我说:"你这画的价值已超出了那家具。"他不管,在他看来,送掉画可以再画,而与喜欢的老家具失之交臂则不可再得。自己的画像园子里的芳草,割了还可再长,而姿态万千的古典家具则是萍水相逢的心仪女子,错过了,将不知所终。石禅是渔民的儿子,他的画像一张渔网,线条处处美意流淌。我曾怀疑他美轮美奂的线条,是否来自明清家具?

茶禅本不分。其实,明清家具本也充满禅意,于是喝着茶,把玩老家具,在画中表现禅意,茶香、书香、墨香构成了石禅生活的重要内容。

石禅的画集《投石问禅》，集扇面、圆扇、斗方等50幅，其中表现吃茶的占五分之一强，每幅栩栩如生。有幅扇面画了两位雅士树下对饮，一人喝完茶把茶盏侧倒拿在手中。这一姿态让我感觉不但有动作，似乎还有语言，似乎在评说茶的香味、回甘、茶后喉间的醇滑。"忽得十日五日之暇，闭柴扉，扫竹径，对芳兰，啜苦茗，时有微风细雨，润泽于疏篱仄径之间……"这是板桥的句子。茶禅一味，品茶如参禅。石禅的画中有着板桥抒写的意境，其中禅味不言而喻。吃茶含"放下"之意，禅意也主张"放下"。忙碌的人，辛苦奔波的人，该放下时且放下。读石禅画集《投石问禅》，作品无不表现那种"放下"后的悠然闲逸，或捕蝉，或与鸟虫对话，或觅句秋吟，或船头独斟……不无闲逸，满纸禅意。

行文至此，不由想起十多年前石禅送我一幅斗方，他写这幅书法时漏了一个字，那字恰巧是个"苦"字。石禅至今记忆犹新，说冥冥之中意味着楼兄从此脱"苦"。他说得没错。那年，正是我离开做过苦工、受过委屈的国有企业之时。我的人生也正从那年开始，少了许多无谓的忙碌和奔波。十多年后，我读石禅作品，觉这"脱苦"就是"放下"。

石禅说他喜欢我写茶写古典家具的"闲书"。乙未春，我去青浦送拙著《吃茶笔记》《月河淘旧》，在他府上见到挂在墙上的一幅瓷板画，三个僧人仰望天空，上半截一片空白。在看什么？星空？晚霞？飞过的大雁？抑或穿越时空，看到奔月的嫦娥？载着天外来客的飞船？画中禅境令人想象无限。

那天我与石禅对话，颇多同感。比如说，现在的画家为了多卖，画得太多，而底蕴、才情、创造力又都不够，于是滥，不断重复。石禅有斋名"卖画买花堂"，他坦言画家以画为生，他也有重复。但同时他一直在思考变化和内涵。我想他思考的便是质朴拙趣中的久远禅意。

2015年6月

夏洪林和他的壶中秋意

"小石冷泉留早味,紫泥新品泛春华",用紫砂壶泡茶,茶味隽永醇厚,文震亨《长物志》说它"既不夺香,又无熟汤气"。紫砂使用越久,壶身色泽越发光亮照人,气韵温雅。闻龙在《茶笺》中所说:"摩掌宝爱,不啻掌珠。用之既久,外类紫玉,内如碧云。"道出茶人喜爱紫砂壶的原由。

我喜紫砂壶,每见让我心动之壶,总爱不释手。有一回,友人小明约我在一家叫"人民公社大食堂"的饭店用餐,同桌的除崇徽堂小汪是老朋友外,别的都为初识。有位叫夏洪林的,是宜兴的高级工艺师,做得一手好壶,在上海九星市场有个门市部,欢迎我和殷慧芬随时"大驾光临"。

"那吃了饭就到我那里喝茶去。我有宜兴的土红茶,口感很好的。"洪林很畅快。

"好啊!"抢先表态的是殷慧芬。

晚饭后已近九点,天漆黑。九星市场的白天,车水马龙一片喧闹,入夜却人尽鸟散,只有寥寥几家灯火闪烁,沉寂宁静。

殷慧芬品着茶,我的目光却在琳琅满目的紫泥间巡睨,那款取名《秋意》的壶被我一眼相中。《秋意》从严格意义上来说,属于花壶,这也许与洪林年轻时得过蒋蓉的指点有关。平心而论,我不太喜欢花壶,总觉其多数"花俏"乃至"花骚"。然而眼前的《秋意》却大气、自然、造型浑朴，线条流畅，全无"花俏""花骚"痕迹。三片银杏树叶与壶的本体融合极完美，一片沿壶嘴向两边舒展，一片紧贴壶柄，壶盖的那一叶正好做一个盖纽，天衣无缝，体现了夏洪林创作构思时的智慧。令人兴奋的是壶嘴和壶柄的树叶上各爬着一只瓢虫，栩栩如生，壶一下子鲜活了。

夏洪林说，他喜欢宜兴的山水，常在山里转悠，那里的一草一木瓜果虫草深深地烙刻在脑海里。他拍下银杏叶的照片，放大后钉在墙壁上，抓了瓢虫放在罐子里，天天观察，有一天忽来灵感，《秋意》壶就这样诞生了。

我曾在深秋领略过离宜兴不远的十里古银杏长廊，远望金灿灿一片，近看满枝果实。我惊叹这银杏树叶居然可以把秋天装点得如此灿烂，即使飘落，也以它最后的色彩书写了满地辉煌。此刻，我把玩《秋意》壶，轻抚壶上叶纹筋络，体会着银杏叶引发紫陶艺术家丰富想象而衍生的另一种令人陶醉的美。

我把壶放在光亮处，横竖着照相。小明说："楼老师，你好眼力啊，《秋意》是洪林的得意之作，在全国民间手工艺品展览会上得金奖的。"我说我还欣赏这壶的泥，新壶的泥大多较生涩，这壶却圆润，好好养的话，日后的"包浆"一定更赏心悦目。小明说："他胜人一筹的就是紫砂泥。"洪林少年时代顶替父亲进入宜兴紫砂一厂调配泥料，日积月累，成了紫砂泥料的采集、处理和鉴定专家。十多年前，他把结婚用的9万元都用来买好泥，现在他收藏紫砂泥料近百吨，在圈内罕见。

《秋意》壶用宜兴底漕清泥制，当时价格就不便宜。我虽喜欢，却又囊中羞涩，只得小心翼翼地把壶放回原处，坐下和众人一起喝茶、聊天。至半夜，仍意犹未尽。临别时洪林赠以两包土红茶和一把由他学生做的石瓢小壶，这把石瓢小壶由于洪林的精心滋养，壶体的色泽已很圆润。

回到嘉定后，一连几天我都想着《秋意》壶。一天，小明来嘉定看我收藏的老家具，我忍不住问："如果你向洪林买，最便宜会是什么价？"小明说了个数字，又说："你真喜欢，我另再托人说去，再便宜点。"我问殷慧芬如何，殷慧芬贤惠，只要我喜欢的，她总说："随你。"我一咬牙，说："好。"过几天，小明就送壶来了。

后来，我又去洪林那里，才知道小明是将他自己收藏的那把惠让了给我。

《秋意》壶现置于家中茶桌，独特的美使它成了茶室一景。我们用它冲泡最喜欢喝的武夷岩茶，用它待客，见者都赞其美。

两年多过去了，茶水的一回回浸泡，手掌的一次次摩挲，《秋意》壶的色泽一天天愈发亮润，如同紫玉。李渔《闲情偶记》说："茗注莫妙于砂，壶之精者，又莫过于阳羡。"也许是一种心理作用，用《秋意》壶泡茶，我总觉茶味醇美。每每执壶品茶，在回味茶韵之余，我更感受壶中镂刻的银杏树叶所营造的无限秋意。《秋意》壶，秋意韵长。

2010 年 6 月

与汪顺富谈明式家具

两杯清茶,面对面,我与汪顺富谈明式家具。

1967年出生的汪顺富是徽州人,16岁跟随李姓表亲学木匠,李家是木匠世家,在休宁县万安镇有点名气。汪顺富的父亲年轻时在大户人家当长工,好上了主人家的小姐,小姐不顾家里反对,执意要嫁给年轻长工,后来就成了汪顺富的母亲。因为有这样的母亲,汪顺富从小耳闻目染,见识了不少明清家具。他有点骄傲地说,即使是现在,他的几个舅舅家还有祖辈流传的古典家具。

1997年,30岁的汪顺富只身来到十里洋场,在吴中路上一家叫"晋元阁"的古典家具店打工。由于手艺好,几个月后老板便让他当厂长,把修复、仿制老家具那一摊作坊的事全托付给他。"晋元阁"是较早跻身上海的古典家具铺,货源大多来自晋地。作家陈鹏举在其《着眼山西》一文中说:"中国家具的制作主要是苏州、山西两大作派。"可见旧时山西家具之地位。山西古典家具多为明式,所用柴木虽不及紫檀、黄花梨名贵,但无损其艺术品位。汪顺富在那里待了八年,剖解、修复无数明式家具,从中开了眼界,长了见识,更深谙其结构等内在奥秘。笔者与他相识也是在"晋元阁",并因同好成为朋友。

2005年,"晋元阁"在吴中路上消匿以后,汪顺富自立门户,创办"崇徽堂",有了对晋式之外的更多古典家具剖解机会。

三十年与木器接触,练就汪顺富一双慧眼。几年前,我有个朋友在一家店铺看中一件旧时条几,说是明代黄花梨的,请过一位这方面的"专家"掌眼。"专家"也确信无疑。落单之前,他请来汪顺富。汪顺富打量后说:年份不到明代,更不是黄花梨的。问他究竟,他说:明代家具板与板之间的拼接是用龙凤榫的,而此件却是用竹梢钉拼接,明显是清代的做工,省力、偷懒,而且用的胶水,明代还没发明呢。

没有显赫的职称、头衔,也没进过高等院校,更不是什么教授专家。而我这位学富五车的朋友却对汪顺富十分佩服,从此成为好友。

我在崇徽堂曾购过一件核桃木翘头案,虽是清代所制,却是明式风格。汪顺富至今仍对它的做工夸赞不已:"南花梨北核桃,山西人把核桃木作为黄花梨的替代品,你看这案子,一木连做,高束腰结构,多精细,黄花梨做工呵!"

在汪顺富看来,所谓黄花梨做工,说到底就是明式做工。这件翘头案因为案面是独板,不存在板与板之间的拼接,但从它的一木连做、高束腰抱肩榫结构等工艺看,都具备明式家具的明显特点。汪顺富说:所谓"一木连做",就是翘头案的翘头与抹头一木连做,中间打槽,面板一直插入翘头下的槽内。案面上因此少了两条线缝,简洁、好看,浑然一体。

核桃木木质细腻、柔和,有玉质感,远看与黄花梨相似。此案木纹流畅,做工又精细,明式案几的高束腰、开光、起阳线、抱肩榫集于一体,每一处都如汪顺富所言:精密巧妙,可经反复推敲。

汪顺富从翘头案的抱肩榫说到古典家具中的榫卯,他认为榫卯造得是否精致严密是评判家具年份早晚的标准之一,明代的家具榫卯制作极为讲究,至清中期以后就开始退化、马虎,清晚期之后更粗糙,那时已发明了胶粘,为图省力,简单拼接后用胶粘成形,时间一长便散架。

在对旧家具拆散重装的过程中,汪顺富屡屡见证这一点。年份较晚的家具在拆散时只需稍稍向两侧一拍,架子就散了开来。有一次,一个工人拆柜子,怎么都拍不开。他赶到现场,乐了,好东西呵,柜子方材之间为丁字形结合,大格肩、虚肩、两枨出榫、格角相抵,十分严密。他说:"遇上这样的柜子除了两侧还要上下用力拍,用巧劲才能拆散。这样的柜子就是明式家具做工。"

我有一件清早期楠木圆角柜,高 128 厘米,柜顶 45×78 厘米,足底 47×82 厘米,上窄下宽,呈 A 字形,因此又称"大小头"。此柜还有个名称,叫"面条柜",那是因为它收分明显,对开的两门以纹理美观的整块板镶成,门边较窄,板心落膛镶成,宛若条形面叶。初得此柜时,觉气息虽不错,但由于年代久远,其貌不扬,有蓬头垢面之感,于是我请汪顺富整修。汪顺富的本领在于他既能让家具原汁原味,又能去污除垢,让其重现风华。他小心翼翼地拆开原件,清洗消毒,对部件稍作修整,然后又严格按原来的榫卯结构组合。修复后,原先松动的不再松动,原先呆滞的重又活润。他再三叮嘱:"好东西呵,你可千万别转让。"

言谈之间,我与汪顺富走到这件面条柜前。经过汪顺富整修,此柜庄重、灵秀,增一分则肥,减一点则瘦,简洁朴素,气韵生动,令人赏心悦目。他说:"面条柜有两种,一种两扇门之间没闩杆,'硬挤门';另一种有闩杆,用锁可把两扇门与闩杆锁在一起。你这件是没闩杆的。"

我知道面条柜的奇妙之处,打开柜门在没有任何外力的情况下,门会慢慢地自动关闭。汪顺富说,这就是重心偏里的物理原理。

面条柜的柜门与柜框连接不用合叶,而采用门轴形式,转动灵活,便于拆卸。汪顺富特别让我注意柜子的四框和腿足是用一根木料做成的,外角被打圆,腿足也随形成圆角。他说,这就是明式家具的精湛工艺。

此外,因为下宽上窄,它的视觉稳定感非常好。由于面条柜的设计理念非常科学,与众不同,它可被视作明式家具中最有代表性的作品,也为世人所青睐。

明式家具的结构和造型像一门学课,有着太多的奥秘,部件之间的榫卯结合只是其中比较明显的特征。明式家具的另一明显特征在于装饰。它的雕刻和纹饰完全没有清式家具的那种纷繁,它的简洁明快不仅体现在总体样式、造型,也体现在细部的修饰。

汪顺富记得我有一件榆木酒桌,论年份不会晚于清早期,整个款式、风格很明显的明代山西家具的韵味。桌面为了不让酒水淌下来,镂有拦水线;四腿和横枨呈洼面、起边线,牙条所髹红漆斑斑驳驳,牙条下的罗锅枨有雕花。汪顺富说:"这罗锅枨的雕花用画家的语言说,就是大写意,这样的大写意雕刻一般都在民间的明式家具中。当然明式家具的雕刻纹饰工笔的也不少,但这种工笔雕饰和清式的完全不同。"他举例崇徽堂曾经有过的一对玫瑰椅,他说:"你见过的,也心动过的。"

玫瑰椅属扶手椅的一种,特征是体形纤巧,方形低靠背和方形低扶手,方形的边框通常加上雕刻纹饰的券口牙子。材料以黄花梨或鸡翅木居多,江南一带选用榉木的也不在少数。瑰丽的色彩、优雅的纹理与玫瑰椅别致轻巧的造型结合,使它显得更加珍奇和美丽。

玫瑰椅的设计,雅而尚礼、文不失秀,有一种所谓"书卷之气",也许,这正是它被文人雅士广为青睐的原因之一。

我在崇徽堂见过的这对榉木玫瑰椅,呈等腰梯形,罗锅枨,一木连做,脚撑带小牙,两侧下带开光,鳝鱼肚,通体雅致秀丽、灵巧柔媚。汪顺富所言券口牙子雕饰的卷草纹确实精致简雅华美,令人赞叹。

汪顺富说:"明式家具的雕刻手法有浮雕、透雕、圆雕、阴刻等多种,那对玫瑰椅卡子花是透雕的,椅背和券口牙子上卷草纹都为浅浮雕。对比清式家具,明式家具雕刻的花纹一般不太满,像画画一样,留白较多。用行话说是露地多。你在我那里买的那张榉木圆茶桌也如此,向外彭出的牙条雕有六条草龙,在细节上不乏典雅精细,券口阳线与腿部卷纹相接,一气呵成,浑然一体。"

明式家具还有许多特点,与汪顺富交谈一个下午,仍意犹未尽。汪顺富那天还带了本朱家溍主编的《明清家具》,在《导言》中,朱家溍如是说:"明代文人追求典雅、精致的审美趋向,影响到文化艺术及工艺品制作。明人文震亨《长物志》中列举了许多家具品种，沈津为《长物志》作序，提到'几榻有度，器具有式，位置有定，贵其精而便，简而裁，巧而自然也'。这正是对当时家具制作和文人的室内陈设风格最恰当的评价。"

王世襄、朱家溍等前辈对于明式家具的研究和论述，无疑是一笔宝贵的文化遗产，但像汪顺富这样的匠家，在实践中积累了诸多认知，与他们探讨、交流，以身边拥有或见识过的实物为例，也常有所得。

明式家具，中国传统家具的典范。

2012年6月

客从远方来

又是秋高气爽的日子,又是在家接待上海写作计划的外国作家。

午后照例喝茶。殷慧芬泡一壶来自福鼎的2014年野生极品白牡丹。九名外国作家都说好喝。我向他们简单介绍中国茶的六大类和白茶的基本特性。第二次泡的是三年陈老寿眉,也是白茶。白茶"一年茶,三年药,七年宝",三年陈的白茶汤色金亮,有股淡淡的药香,引起了客人浓厚兴趣。出生于哥伦比亚的墨西哥作家杰米·潘奎智似乎懂茶,他说白茶可以煮着吃。于是彼此想象着寒夜、红泥炉、铁壶,想象着茶水溢出时在烧红的木炭中发出的"嘶嘶"声响和满屋茶香。

外国作家极喜欢我们家的整体环境,来自阿根廷的维多利亚·凯萨雷斯和恩里克·索利纳斯对老家具非常痴爱,拖着我在明式面条柜前、在清代苏式双拼半圆桌前、在清代核桃木高束腰翘头案前不断地拍照,维多利亚坐在清早期硬木南官椅上,感到是一种真正的文化享受。我拿出我写的《月河淘旧》,介绍书中的哪一页是家里哪一件家具,他们比对着,兴奋地叫起来。

丹麦的汉斯·海宁·哈默、匈牙利的伊穆雷·库雷兹与我谈得较深,他们问我和殷慧芬什么时候开始写作,我回答:"我1973年,她1982年。她的小说写得比我好。她写的时候'文化大革命'已经结束。在'文革'和'文革'前,许多内容是不能写的,写喝茶都会被认为是资产阶级的。只能写革命,写'英雄',写为政治服务的小说。至于表现老百姓苦难的作品,就会受到批判。我在那个年代写作,受了某种思想的太多影响,太多束缚,写不出好作品。到殷慧芬写作的年代,条条框框少了,束缚少了,作家的思想解放了,可以表现的内容、领域更广泛。"我拿出殷慧芬最早的小说集说:"比如她的成名作《厂医梅芳》,写工厂一个医生最后跳楼自杀,又比如《欲望的舞蹈》写人性的压抑……"哈默和库雷兹表示理解。库雷兹说:"你说的那个年代和匈牙利50年代一样。"

我们与来访的外国作家互赠图书,殷慧芬赠《欲望的舞蹈》,我向两位喜爱古典家具的阿根廷作家赠《月河淘旧》。墨西哥作家艾尔伯特·维拉瑞尔、杰米·潘奎智等也纷纷赠送他们的著作。来自美国的杰维·特瓦伦等好几位外国作家随身带着上海作协编的英文版《上海作家写上海》,翻到"殷慧芬作品"一页,请她签名,有的还记得殷慧芬写的她父亲从无锡乡下来到上海的细节。

维多利亚喜欢殷慧芬的中国民族风的服饰,说要去老街逛逛,看看有没有漂亮的衣服。

在嘉定老街,他们参观建于宋代的嘉定孔庙,在"敬茶坊""普洱茶府"喝茶,在衣铺试穿中式服装,华裔新西兰女作家艾利森·王还买了双绣花鞋。之后吃南翔小笼包,他们又连连翘大拇指。令人意想不到的是最后高潮在州桥中药店,艾尔伯特·维拉瑞尔见有龙虎牌清凉油,一下子买了十小盒,说这在墨

接待上海写作计划的外国作家

西哥很贵。好几位外国作家闻讯纷纷也掏钱包,有点像在抢购。

几天以后,上海作协主席王安忆给我们发了条短信:"作家们一直在兴奋着,细述你们款待的种种细节。"其实,让外国作家兴奋和难忘的更是中国优秀传统文化,茶、明清家具、老街、孔庙、绣花鞋、小笼馒头,甚至一盒小小的龙虎牌清凉油……

2014 年 10 月

旧迹寻走

秋霞圃的石头

秋霞圃是我喜爱的园子，有文友来嘉定，陪他们游秋霞圃是我首选。园中碧梧轩、丛桂轩、涉趣桥等，曾让作家叶广芩赞不绝口，她感慨古代文人在园林设计上的精思巧想，更赞美其难得的幽静。王安忆对秋霞圃更是情有独钟，最喜欢在荷花池畔"柳云居"旁静静品茶。

有一年春天，艺术家洪磊与文艺评论家吴亮来秋霞圃，居然对秋霞圃的石头大感兴趣。

秋霞圃的石头我也喜欢。屏山堂前一块明代古石，高两尺许，传说在阴雨天气会渗出白色滋汁，如同米汁，故名为"米汁囊"。清代诗人章松庵曾有诗赞："石田无用负春耕，顽石而今诉不平。根恋痴心频酝酿，香涵嘉穗蓄菁英。漫教错与奚童借，却似凭他玉液盛。倘遇元章应下拜，膏流沁口味逾清。"

民国年间，秋霞圃一度成为启良学校，嘉定名士浦泳早年在校执教，屏山堂是他的办公室，与米汁囊朝夕相对。上世纪80年代，浦泳拄着拐杖重游故地，站在屏山堂前，竟不见米汁囊。直到本世纪初，嘉定一位古石研究者根据上世纪30年代的老照片，认出米汁囊仍在原处。只因"米汁囊"三字被石灰涂抹掩盖了，以致浦泳相逢不相识。为什么要用石灰涂没？有一种解释是抗战沦陷时期，恐日寇见此名石而起意盗运，故有人涂掩。

叶广芩正在写一部与嘉定园林有关的中篇。游秋霞圃时，她听我说一块奇石米汁囊阴雨天会流泪；一棵鸟都不会停的很贱的枸骨，200年后竟成乔木，而且还结红果；好端端的一棵百年茶花，被砍去一条胳膊，之后一个女学生就发了神经病……觉得其中有太多的创作素材。我不知道她的小说会怎么写这块奇石。无独有偶，今年9月，参加上海写作计划的10名外国作家来访嘉定，英国诗人乔·邓索恩，在秋霞圃听我讲米汁囊传奇，竟也浮想联翩灵感大发，当即为这块石头写起诗来。

在奇石米汁囊西，原有一块"迎客僧"，亦为明代古石，高2.2米，宽0.89米，状如一老僧，双手合十，躬身作揖，故名。此石在周承忠的《秋霞小志》上有记载。现移至秋霞圃凝霞阁后，像是老僧躲在树丛中静心诵经苦修。

由苏局仙老人题额的霁霞阁前也有一湖石，名"缀华峰"，由城内原廖家大院移来，高2.3米，云头雨脚，孔洞密布，玲珑剔透，为清代遗物。廖家曾为嘉定望族，晚清曾出廖氏兄弟进士，是嘉定科举史上的一桩佳话。廖寿恒曾任左都御史、兵部尚书、刑部尚书、军机大臣等要职，廖寿丰曾官至浙江巡抚。廖家之显赫由此可见。旧时，嘉定城内的廖家大院巍峨壮观，雕梁画栋的房间有124间。缀华峰从廖家大院移来，可见其不一般。

在秋霞圃看花赏石，每每在"迎客僧""缀华峰"前，我一次次地脉脉回望，似乎每一次总能看到不同的内容。

明代遗物福禄寿三星石，更令人流连忘返。三星石位于丛桂轩南侧绿荫丛中，老态龙钟，似福禄寿三星。"寿星"居中，左"禄"右"福"，形神兼备，为石中珍品。云聚云散，"三星"笑看世事变幻，宠辱不惊。

我每次带朋友来，总忍不住在三星石前拍照，是"三星"的安之若素让朋友怦然心动，还是想在石前获取其中吉祥之气？福耶？禄耶？寿耶？世人都心向往之。

经桃花潭北岸碧梧轩，见横琴石，古朴典雅。此石最长处1.64米，最宽处0.85米，据记载："1920年，凝霞阁南屏山叠成后，遗有此石，石侧有云状纹，古拙典雅，遂移至此处，邑人戴思恭见石似古琴，取名'横琴'，邑人赵梦苏即以朱漆书之，延石工镌刻。"（《秋霞圃志》，学林出版社2008年3月版）

古人坐山光潭影馆内，观庭前轻歌曼舞，一侧琴音缭绕，可以想象其风雅。而此刻，目睹横琴古石，我却想起在"文革"那个疯狂的年代，秋霞圃里的中学生在碧梧轩前的空地上跳着"忠字舞"的场景，我不知在这块横琴石上是否弹奏乐曲，弹奏的又是什么乐曲。

中国的古典园林也有悲剧。秋霞圃这座始建于明正德嘉靖年间的古园曾几何时也是一片荒芜！在那跳"忠字舞"的年代，桃花潭涉趣桥周边玲珑剔透的太湖石曾被砸碎用作建造防空洞的三合土。比我年长的老人说，那些太湖石酷似十二生肖，真漂亮。可惜现在看不到了。

2015年10月

云翔寺外觅旧迹

陪友人游南翔，云翔寺是必去的。气势雄伟的仿唐寺庙建筑，夕照下浑然一体，宛若剪影的大雄宝殿和钟楼、殿内金碧辉煌庄严端庄的佛像、惟妙惟肖的木雕千手观音、现代僧人操作电脑的娴熟……都使友人惊叹。走出佛寺时，友人问：你说云翔寺有1500年的历史，但我所看到的都是21世纪仿建的，连同门口"留云"两字都是新冠的，那么，历史留下的云翔寺的遗迹还有哪些？

我们微微一笑，幸亏我们对南翔、对云翔寺还比较了解，要不真的要被这位仁兄问得瞠目结舌无以对答了。

走出寺外，我们陪友人来到镇上香花桥北堍，挺拔秀美的南翔双塔耸立在解放街之两侧。我们告诉友人，志书上说，"砖塔岿然峙，千年物也"。沐浴在暮霭中的双塔为南翔一景，古时谓"双塔晴霞"。双塔建于五代，清嘉庆《南翔镇志》记载："山门内有砖塔二，东西相望，大可三抱，三丈许，八角七级，旁各有井一。"《嘉庆志》中所言之"山门"，即云翔寺山门也。云翔寺在宋、元两代间屡建屡毁，元至元二十八年（1291）、泰定二年（1325）、至顺二年（1331）都曾重修，明万历元年（1573）、崇祯十年（1637）也曾再修。乾隆三十一年（1766），香花桥附近民房失火，殃及寺庙，损毁严重，嘉庆二年（1797）又一次重修。1932年"一·二八"事变、1937年"八一三"事变,云翔寺两次遭日寇轰炸,寺庙建筑尽被毁坏,两座砖塔幸存。双塔现在是上海市文物保护单位,20世纪80年代修缮后,依旧保留了江南地区典型的楼阁式结构特色,八角七级,每级有神龛,每层出腰檐,四面壸门,其精致灵秀,堪与河北开元寺砖塔媲美。

除双塔之外,我们所知的云翔寺旧物还有几件在江南名园古猗园内。走进古猗园大门,在南厅面前便可见到一座唐陀罗尼经幢,七级八面,每层有托座,下有束腰、基座、托盘,上有檐盖呈莲花状,经幢上刻有《尊胜陀罗尼经》经文和佛教图案。唐陀罗尼经幢在古猗园内有两座,另一座在微音阁前。南厅前的一座1969年曾遭雷击有所损坏,残存有6米,微音阁前的一座则较完好,高11米。我们告诉友人,这两座经幢原本也在云翔寺,左右并峙于大雄宝殿前。追溯其年份,一座建于唐咸通八年(867),另一座建于唐乾符二年(875)。两座唐经幢均为嘉定区义物保护单位。

同样是文物保护单位的、1959年迁移至古猗园的云翔寺遗迹,还有一座普同塔。普同塔原是云翔寺九品观荷花池内的石刻建筑物,青石质地,七级六角,高约3米,塔身的石刻浮雕释迦牟尼佛像与花卉等纹饰栩栩如生。普同塔建于南宋嘉定十五年(1222)。

陪友人步出古猗园,已是暮色重重。友人无语,似乎在寻找历史的记忆,似乎想在这些历史遗存中感悟些什么。

感悟什么呢?岁月的沧桑?战火动乱对文化的摧毁?云翔寺

的屡建屡毁、屡毁屡建？善良的人们对和平、安宁的生生不息的追求？祈求美的、善的与世永存？还是更多的、更深层次的内在哲理？

2008年9月

莫氏庄园和李叔同

孩童时，因为西瓜，我知道了平湖。

青年时，因为经常出没当湖书院，知道了康熙年间嘉定知县、天下第一清吏陆陇其，我记住了平湖。

以后的许多年里，我每次经过沪杭之间，平湖的地名一次次地掠过，却没想过在这个小城停留。前不久，同城的几个文友相约去平湖。因为莫氏庄园和李叔同，平湖让我难忘。

莫氏庄园，始建于清光绪二十三年（1897），是大地主莫放梅耗十万银两所筑，占地七亩，房屋七十余间，三组四进，沿街临河，坐北朝南，左右对称，前后错落，布局完整，流线舒畅。门厅、祠堂、正厅、书房、卧室、账房、花厅、佛堂等一应俱全。三座花园错落其间，拳石勺水，移天缩地。花木、水池、曲径、湖石，如画般赏心悦目。"庭树不知人去尽，春来还发旧时花"，寓意金玉满堂的桂花、玉兰等老树，经历了百年的风风雨雨，依旧枝繁叶茂。

这座典型的封闭式木结构宅第建筑群，堪称江南民居之典范，《红楼梦》《家春秋》《原野》等百余部电影、电视都在这里拍摄。

我见过许多古屋的门楼砖雕、梁檐木雕在"文革"中被破坏，令人扼腕痛惜。而莫氏庄园建筑构件中工艺精湛的雕刻则完美如初,陈列的家具、字画、古玩也多为原件。平湖的朋友说这是因为"文革"期间这里像刘文彩庄园一样,作为忆苦思甜和阶级斗争教育的展览处,因此才没被毁坏。在二少爷的书房走廊里,我见到他吸鸦片的器具,材质和制作都精致无比。窥此一斑,可见主人的奢靡。

离开莫氏庄园,我们便去李叔同纪念馆。平湖美丽的东湖之畔,纪念馆呈七瓣莲花,与湖面相映成辉,宛若一朵美丽的莲花静浮于碧水,李叔同"清水出芙蓉"的高洁品格从建筑的设计理念中充分体现。

李叔同,一曲"长亭外,古道边,芳草碧连天"的《送别》为几代人所传诵,他的字充满禅意,也为我所钟爱。纪念馆二楼内层陈列室展示了李叔同各个时期生活照片、历史资料,分别从绘画、音乐、话剧、诗词、书法篆刻、佛学等方面展示了他卓越的成就,更展示了他从绚丽归于平淡的人生轨迹和从尘世到佛门的心路历程。

1925年初秋,李叔同因战事滞留宁波,在夏丏尊先生处小住数日。夏丏尊见自己的老朋友无限珍爱地打开随身携带的用破席子包裹的铺盖,用一条又黑又破的毛巾从容地洗脸,津津有味地吃别人送来的萝卜咸菜。昔日的李叔同也曾经安逸华贵、锦衣玉食。此时却人生咸淡两由之。夏丏尊在回忆中非常感慨地说:"琐屑的日常生活到此境界,不是所谓生活的艺术化了吗?人家说他在受苦,我却说他在享乐。我常见他吃萝卜白菜时那种喜悦的光景,我想,萝卜白菜的全滋味、真滋味,怕要算他才能如实尝到了。"这种人生心性,宛如当空一轮皓月。

李叔同的人生经历与奢华的莫氏庄园所呈现的强烈反差，让我同一天在同一个江南小镇得以感受，冲击着我一颗尘世的凡心，无异是一次震动。景由心生，境由心造，面对并不完美的人生，少一分奢求，便多一分自在；少一分欲望，便多一分安然。看着照片中李叔同圆寂时的安详神态，我久久地思索着他的人生，叩问着你、我的人生。

李叔同与莫氏家族两个截然不同的人生走向，展现了精神与物欲的两个极致。李叔同的艺术成就、高洁品格让人缅怀和瞻仰，而莫氏庄园除了遗留的这幢砖木结构奢靡躯壳，主人早已化作尘土，成了岁月的过眼烟云。

2009 年 7 月

汤显祖的梦

一部《牡丹亭》，曾让多少人为之倾倒！《红楼梦》第二十三回，林黛玉走过梨香院，听墙内歌声婉转："只为你如花美眷，似水流年"，不觉心动神摇，如醉如痴，站立不住，流下泪来。江西娄江俞二娘，嗜读《牡丹亭》，蝇头小字注其侧，幽思苦韵感其词，结果惋愤而终。杭州女伶商小玲演"寻梦"一折，唱至"待打并香魂一片，阴雨梅天，守的个梅根相见"，哀恸不已，竟倒台溘然而逝，香消玉殒。毛泽东观后也柔情了一回，即兴草书其中曲词："原来姹紫嫣红开遍，似这般都付与断井颓垣。良辰美景奈何天，赏心乐事谁家院……"足见他感慨之深。

《牡丹亭》让一代又一代的人动情缠绵。

戊子秋，友人相邀去浙江遂昌，因知道汤显祖在那里写下不朽《牡丹亭》，我便欣然应允。

到遂昌的当天，我们便去寻访汤显祖的足迹。

汤显祖在明神宗朱翊钧的年代当了五年遂昌县令。明神宗为搜刮民脂民膏，逼令各地开矿淘金，并派太监督办，遂昌也不能幸免。明万历二十五年（1597），汤显祖曾在遂昌金矿实地查勘，为排除矿坑积水，"增车至一百三十五辆"，但"车戽斗三车，杳无底绩"。汤显祖觉得开采条件恶劣，随时有崩塌的危险，作《感事》诗云："中涓凿空山河尽，圣主求金日夜劳。赖是年来稀骏骨，黄金应与筑台高。"并向朝廷奏表建议关闭金矿。奏表不准，汤显祖随即弃官回乡。第二年，金矿果然发生岩崩。《遂昌县志》称："石崩，毙百余人，寻奉诏报罢。"

这个开挖于唐朝，历经宋、明的古金矿，如今是国家矿山公园之一。我们乘着旅游小火车在地下坑道里隆隆前行，窗外，黑乎乎的一片，时而有灯光闪烁。望着依稀可见的嶙峋岩石，我想象着大戏曲家在矿井中踏勘的情景。

小火车在明代金窟门口停了下来。拉开车门，古金矿最底端的巨大矿洞，让我震撼。如此巨大的工程，古人用烧爆法开挖，在体现不凡智慧的同时，又浸淫了不知多少的血汗。当年的矿难现场至今仍在，望着暗绿的灯光下七零八落的模拟白骨，我在谴责明神宗贪婪暴虐的同时，更觉汤显祖作为地方官的伟大。这种伟大体现在他在黄金白银面前的清正，更体现在他敢在昏庸的朱翊钧面前说"不"！

对照当代的地方官，如果都有汤显祖的这种清明，小煤矿的矿崩事件、石家庄的三鹿奶粉事件……就一定会少许多，对执政为民还是执政唯上的认识，也必然更清醒。

第二天，我们参观了汤显祖纪念馆，那是县城北的一座三进小院的古建筑。在瞻仰汤显祖作为戏曲家伟大的同时，感受着他作为县令的"仁政惠民"。汤显祖兴教办学，劝农耕作，惩治豪强，灭虎除害，受到老百姓的普遍爱戴。他"五日一视事"，常在山野村头，与采桑的、采茶的、耕作的农民交谈，了解百姓疾苦。最难忘的是汤显祖的"除夕遣囚""纵囚观灯"。除夕之夜让狱中囚犯回家过年，与家人团聚；元宵节让囚犯到城北河桥上观花灯,体会"绕县笙歌"的欢乐景象。汤显祖在遂昌短短五年,与遂昌士民结下了深厚情谊。他弃官回乡后,遂昌人经常到临川探望汤显祖,汤显祖也不时书信问候遂昌士民。清康熙五十一年(1712),遂昌县令缪之弼主持在县城建"遗爱祠",为纪念、奉祀汤显祖。现在"遗爱祠"门墙犹存。

走出汤显祖纪念馆,我不由想,文人当官本可以当得很好,白居易、苏轼、韩愈、范仲淹、陆陇其,只是好景都不长。混沌的官场容不下他们的清白清廉清正。也正因为他们与尘世的格格不入,才有了他们的一篇篇不朽诗文。汤显祖在他的"临川四梦"中鞭挞着世事的丑恶,构想和憧憬着"山也清,水也清,人在山阴道上行;官也清,吏也清,村民无事到公庭,农歌三两声"的太平盛世,和"平原麦晒,翠波摇蕲蕲,绿畴如画""月明无犬吠黄花,雨过有人耕绿野"的良辰美景。

汤显祖的梦,我们今天仍向往着。

2009 年 6 月

泖口凭吊

入伏第二天,我们去平湖新埭镇泖口村。那是康熙年间天下第一清廉、嘉定知县陆陇其的家乡。

泖口旧时称"镇",曾属古华亭管辖。我们的车拐入村口不久,便无法再往前,并不宽阔的水泥路已到尽头。一筹莫展之际,一个年轻人骑摩托车追来,在我们面前停下,问:"你们是从嘉定来的吗?"接着招呼我们下车。陪同我们的新埭镇文化站站长陆爱斌介绍说,年轻人姓施,是村里的书记。

我们踏着石板铺设的小路前往陆家宗祠,酷暑下,热气炙人,石板路升腾着热气,青烟袅绕。陆爱斌说,这路是昔日泖口镇的街道,两边旧屋便是那时的商铺。如今这街市早已铅华洗尽,旧屋蓬头垢面,破落颓败,偶尔一两家零落的小烟杂店点缀其间,也全无往日风采。一爿老式理发店里的一张已歪斜的转椅,倒还显现着曾经繁荣过的几丝印痕。想起前一日我们在九龙山参观,那里堪称奢靡豪华的高尔夫球场、游艇码头、马术场……虽离泖口咫尺之遥,却宛若天涯,分明两个世界。

过了石板桥,泖河边一幢黛瓦粉墙的古屋映入我们眼帘,这就是陆家祠堂。陆陇其曾在此建尔安书院,以讲学为务。祠堂比周边的老屋更显破旧,像个衣衫褴褛的老者。随着陆家祠堂越来越近,储存在脑库里的许多关于陆陇其的传说纷至沓来。

陆陇其,字稼书,康熙九年(1670)进士,康熙十四年(1675),被朝廷派往嘉定县任知县。上任时,一叶扁舟,铺盖行李之外唯书籍数捆。据光绪《嘉定县志》记载,他在嘉定任职,"惠政不可胜记",深得百姓的爱戴。

江苏巡抚慕天颜生日,属下送礼,各县都有馈献,唯陆陇其登堂拜寿,拿出土布两匹、鞋子两双,说是内人所制,以表寸心。慕天颜笑着辞谢,后以陆陇其"德有余而才不足"为理由,将他罢黜。嘉定百姓闻讯后愤愤不平,以至罢市三日,"日号巡抚门乞留",离任之日,士民倾城出动,争相送行,拥塞道途,大呼"还我父母"。邑中文人俞鹤湖有诗云:"有官贫过无官日,去任荣于到任时。"

康熙三十一年(1692),陆陇其在家乡逝世,终年63岁。

民间传说陆陇其逝世的前夕,他是得知的,说是嘉定要他去当城隍老爷。是夜,泖河鼓乐大作,那是迎接他的队伍。翌日,他便溘然长逝。

当今嘉定城隍庙供奉的老爷,确是陆陇其。三百多年过去了,每逢初一、十五,陆陇其的塑像前香火仍很盛。

陆陇其逝世后,嘉定士民为陆公立像建祠;雍正二年(1724)圣命入祠曲阜孔庙;乾隆元年(1724)追谥"清献",加赠内阁学士兼礼部侍郎。

泖河环绕着尔安书院,仍在不息奔流。想着陆公在此布衣素食,读书讲学,"疏征孔孟之首,而以朱之为宗",不胜感慨。陆公在泖口清贫得连大门也安不起,无奈只用一竹匾遮风挡雨。建尔安书院时房梁屋柱均为乡人所捐,今天柱梁、桁条上捐者姓名的字迹仍依稀可辨。

听着陆公故里后人的叙说,我想起嘉定也有着几乎同样的史实。清同治六年(1867)重建陆清献公祠,嘉定民众自发筹资出力,公祠柱础规格石质不一,所用明清砖瓦有一二十种之多,皆因各界所捐。可惜重建的公祠却毁于21世纪初,任有识之士奔走呼吁,仍挡不住推土机的滚滚履轮。所幸清乾隆年为纪念陆陇其而建的当湖书院仍在。

乾隆三年(1738),朝廷曾为陆陇其御制碑文,建牌坊于泖口陆公墓道,以留芳千秋。碑文、牌坊今杳无踪影,所幸陆公旧居、祠堂,乃至墓葬遗址尚存。曾在新埭文化站工作十余年的小陆是地方史专家,他说墓碑还在,只是前些年筑水渠,作石材砌于渠内;牌位也在,盖茶馆时作木板铺于屋椽之间。

陆陇其一生好思深学,著作甚多,有《读礼志疑》《三鱼堂集》《四书大全》《读朱随笔》《一隅集》等。御制碑文、牌坊等虽已不知所去,但他为官清正、为学严谨的精神仍在。三百多年后,在他仅仅当过两年县官的嘉定,仍有人顶着七月流火,汀流浃背地寻访他的旧踪,凭吊他的遗迹,本就令人深思。

从陆家宗祠返回,还是那条石板路。有点高低的石板发出"硌硌"的声响,似在向远道而来的客人诉说着什么。

2009年7月

南澳岛瞻仰陆秀夫

在汕头码头我买了一张南澳岛的地图，发现众多的景点中有陆秀夫墓，当即叫来马陆籍作家老赵："你们马陆人的祖宗墓地在南澳岛！"老赵看着地图也激动起来："真的呢！到岛上我们一定去拜谒陆秀夫！"同样激动的还有嘉定区文联秘书长老王，他是马陆的女婿，夫人姓陆，谈恋爱时就告诉过他，是陆秀夫、陆南大的后人。

还未上岛，寻找陆秀夫的遗踪已成了我们的共识。

陆秀夫（1236—1279），南宋大臣，字君实，江苏盐城人，宋理宗宝祐四年（1256）与文天祥同中进士，官至端明殿学士、签书枢密院事。因与丞相陈宜中朝议不合而遭贬谪，举家迁居澄海。时值元兵进犯，宋京城临安陷落，皇室仓皇南逃。国难当头，陆秀夫毅然应召勤王，护幼帝辗转粤海，坚持抗元，直到生命最后一刻。在粤中的崖门（今新会），后有追兵，前有大海，他宁死不降，先仗剑驱妻儿入海，后背负幼帝赵昺投海而死，一身正气。

据《嘉定县志》载，上海马陆"因昔有马军司陆南大（南宋左丞相陆秀夫之子）居此，故得其名"。流传在马陆的还有一说，陆秀夫背负幼帝跳海前曾将儿子陆南大托付马姓部将，部将逃生至嘉定南门外，隐姓埋名，把陆秀夫之子认作自己儿子，取名马陆，由此才有"马陆"这个地名。今日马陆境内有一村落，名"陆家"，陆南大的后裔就在此繁衍。

到岛上已是黄昏，小车沿着环岛公路行驶，夕照下的南海碧波让车上的几个文人诗兴勃发。游览了宋井、总兵府后，天色已漆黑一片。下榻海湾宾馆之前，导游说，陆秀夫墓就在附近。

陆秀夫在崖山蹈海殉国，为何葬于南澳？导游小吕倒是博古通今，说其子陆繇好渔猎，熟悉近海岛屿，葬父于南澳是防元兵发现，以免毁墓。小吕说，陆秀夫在南澳不过两个月，但南澳百姓七百多年来一直缅怀他。

翌晨，在青澳湾观毕南海日出，我们便开始寻找这位南宋左丞相的墓地。热情最高的当数马陆的儿子和陆秀夫后裔的女婿。老王寻寻觅觅，说墓地就在南山，只是找不到上山的路。正当我失望地回到宿地，老赵来电话说找到了，并告诉我怎么上山，言语中不乏欣喜。我按图索骥，独自上南山。山路上恰逢赵、王两人下山，他们去了陵园，看到了"宋丞相陆秀夫陵园"石牌坊、"忠贞亭"，就是没找到主墓，嘱咐我找到主墓一定要拍张照，让马陆人看看，为马陆留些史料。

陵园的守墓人姓林，门票2元。我给了他5元，淳朴的他一定要找还我3元，我说不用了，就作带路费，带我去瞻仰主墓。他憨厚地笑笑，很乐意地当了我的向导。穿过三门四柱的石牌坊，读着后人对陆秀夫的"贯岳""接汉""西去崖门敢从烟海扶危宋，东归径口长向云天抒壮怀"等赞语，越过忠贞亭，再走50多米杂草丛生的崎岖小路，才到主墓地。主墓颇具规模，衣冠冢已修整一新，墓碑高1.6米，上刻："宋忠臣左丞相秀夫陆公之墓"。墓壁两边石板上刻着古今名人题咏的诗联。右侧新竖刻明潮州知府郭子章所题名碑,碑侧有《重修陆公秀夫墓碑记》,略记陆秀夫生平及历代褒颂、子孙衍泽、维墓崇记的缘起。墓后,有一高约5米的巨石直立如削,上楷书阴刻"丞相石"三大字,是清乾隆南澳同知印光任所题。我仰望苍松掩映的摩崖石刻,对凛然正气的陆秀夫的崇敬之情油然而生。

守墓人知道我们来自上海,颇诧异。我告诉了其中缘由。粤东地区只知道陆秀夫被贬携眷南移,长期居住潮州,数十代子孙散布于潮汕各地,殊不知今日千里之外的马陆也是其中一支。近些年我为马陆编写人文历史读本,忽觉得马陆人骨子里的刚强坚毅也许因为有着陆秀夫的遗传基因。我对守墓人说,马陆现在是上海郊区乃至全国农村最富的乡镇之一,他笑了,笑得很灿然。

我想,陆秀夫有灵也一定会含笑九泉的。

2008年10月

在林则徐出生地品茶

林则徐出生地位于福州中山路19号,从我入住的酒店步行到那里也许只要十来分钟,在福州的叶芳养怕我不认路,提早开车到酒店接我,开着导航在湖东路上行驶,语音提示却总叫他在前方调头。来回折返好几次,找不到北。停车问路,方知福州这条中山路也许是全国最短最小最不起眼的以"中山"命名的路,开车一不小心就会掠过。

清乾隆年间,林则徐父亲林宾日用教书所得微薄积蓄典得福州左营司(今中山路)小屋一座,几年后,林则徐在此出生。嘉庆年间,林则徐中举、家境稍宽裕,遂买下此房。房屋为木结构,较简陋。林则徐描述:"每际天寒夜永,破屋三椽,朔风怒号,一灯在壁,长幼以次列坐,诵读于斯,女红于斯,肤栗手皴,恒至漏尽。"

林则徐出生地1997年修缮后被列入福州市文物保护单位。那天我应邀在那里为读者签新书《寻茶记》,可谓难忘。在那里参观游览的可谓不计其数,但能在那里签书品茶的作家,之前能有几个呢?

前些年,我策划编辑《人文嘉定》,得知林则徐在道光年间为治理浏河,两次到过嘉定。史载林公"每坐小船,数往来河上,查勤惰,测浅深,与役人相劳苦,不烦供亿"。浏河疏浚结束后,林则徐因仰慕明代文学大家归有光,专程到位于嘉定西部的古镇安亭,寻访震川书院,书楹联:"儒术岂虚谈,水利书成,功在三江宜血食;经师偏晚达,专家论定,狂如七子也心降。"忆及林则徐当年行迹,一百多年后,我到林则徐出生地,是不是代表嘉定学人的一次回访?

说难忘,还因为主办方"心洁茶业"的掌门人任淑洁把林则徐第六代嫡孙、原福建省人大常委会副主任林强先生请来做嘉宾。由林则徐后人陪我参观林则徐出生地,听他讲祖先身世,给我留下的记忆太深刻。

林则徐的"虎门销烟"可谓妇孺皆知。林则徐治水,我也有所闻。让我新知的是林则徐与茶的千丝万缕关系。2015年,福建省茶叶学会为纪念林则徐230周年诞辰,《茶缘》杂志出过专辑。我细细阅读,面前像是打开一扇窗。

《茶缘》专辑刊登了林强先生的《茶香绕庭——林则徐和茶》。"茶贸易与鸦片战争""奏折议茶""文稿论茶""品茗赋诗""出席茶宴""以茶会友""三坊七巷茶人""闽北之缘""旅途饮茶""馈赠名茶""题写茶联""喜爱茶具""涉茶古帖题跋",几乎所有的篇章无不与茶相关。穿越时空,我像是遇见了我所尊敬的长者和知音。

此文让我知道举世闻名的鸦片战争和茶叶之间的关系。在18—19世纪,中国的茶叶成了英国的重要进口商品,英国用白银换取中国茶叶。白银短缺之后,东印度公司提出运送鸦片到中国的计划,设立鸦片事务局,垄断印度鸦片的生产与出口,用鸦片在中国的销售收入换取白银,用以支付购买茶叶等货款。鸦片的大量输入，给当时中国造成极大危害。道光十八年（1838），清政府任命林则徐为钦差大臣，赴广东查禁鸦片。1839年4月，林则徐上奏《为英贩烟趸船鸦片尽数呈缴折》，建议"凡夷人名下缴出鸦片一箱者，酌赏茶叶五斤"。1839年6月，林则徐虎门销烟。1840年，鸦片战争爆发。

因此，从某种意义上，在鸦片战争之前，还有一场没有刀光剑影、炮火硝烟的"茶叶战争"。

"佛戒偏宜宽酒户，诗情都为检茶经"，"银瓶乍泻秋涛日，石铫新煎活火红，茶梦圆时参梵课，几声钟磬翠微中"……林则徐的许多诗文都无法自抑地表达了他啜茗吟诵的喜茶之情。"风物蛮乡也足夸，枫亭丹荔幔亭茶"，道光九年（1829）夏，他在为父丁忧守制时，在《和冯云伯登府〈志局即事〉原韵》一诗中，还不忘夸赞家乡的武夷茶。

林则徐喜爱茶乡闽北，北上出闽境，来回经过闽北据记载有16次之多。"余家福州，距建溪五百里，然每出闽境必取道焉。尝览其山川，接其人士，未尝不欢然意满，盖余驰外者数十年矣。今春过建州，慨然有移家之志……"这是1850年他为昔日鳌峰学友、建瓯人黄封70岁时写的"寿序"中的句子。"欢然意满"，乃至一度想迁居闽北，我想除了闽北的山清水秀、人杰地灵外，就是满山茶园弥漫的茶香。

1828—1829年，福州贡院整修，林则徐应邀撰联，其中有内容与茶相关，如"攀桂天高，忆八百孤寒，到此莫忘修士苦；煎茶地胜，看五千文字，个中谁是谪仙才"。句中尽现士人煎茶与修身读书的甘苦。林则徐"花气入帘松翠在壁，琴韵流阁茶香绕庭"和"竹露煎茶松风挥尘,桐云读画蕉雨谭诗"两对茶联,我尤喜欢,那种尘外的隐逸境界令人向往。

林强先生在演示屏幕上一一讲解之后,任淑洁请来宾品尝她精心准备的武夷好茶,"茶香绕庭""岩香心洁""深凹古韵""乌金岩韵"等每款都让人有"地久天长""欲罢不能"之感。

这"茶香绕庭"的茶名,就是林则徐茶联中的词句。"心洁"茶业好几款茶叶的名字都从林则徐诗句茶联中所选。"心洁茶业"于1997年创立,第一家门店就设在林则徐出生地。历经二十余年的风风雨雨,今天的"心洁"已成为一家集种植、生产、研发、销售和文化推广为一体的综合性茶企,在业内有一定影响力。任淑洁自豪地说:"心洁"是在林则徐出生地成长、壮大的。

2016年我曾经踏访"心洁茶业"在武夷山的茶叶基地吴三地,之后写了《吴三地的老枞水仙》。我把那里很深很远的根,与任淑洁的爷爷奶奶联想在一起。这一回,我在林则徐出生地品茶,感慨"心洁"岩茶的根似乎还更深更远,可以一直延伸到一百多年前林则徐与茶的因缘……

2018年11月

重游莫干山

前些日，作协小说组前往莫干山采风，我窃喜终于有了一次旧地重游的机会。

莫干山位于浙江德清境内，因春秋末年吴王阖闾派干将、莫邪在此铸剑而得名。我是去过莫干山的，那是1975年5月，我和殷慧芬登记结婚不久第一次远足，有点蜜月旅行的意思。一转眼，快四十年了。

我们先到杭州，住在孩儿巷我三伯父家。三伯父无儿女，把侄子视同己出，对我尤甚。那时我已在上海多家报刊发表小说，那一年应上影厂约正在永福路52号写剧本。楼家近几代没出过文化人，我的到来自然让他满心喜欢。每天早晨，他起早为我们买粢饭油条豆浆。他知道我喜欢吃。

在杭州天天游玩，尤其难忘在六和塔前的合影。我一直把它看作是我和殷慧芬的结婚照。没有婚纱、鲜花，却笑容甜蜜灿烂。六和塔，"六和"，这寓意多好！

游遍西湖后，决定上莫干山。从杭州到莫干山的长途汽车票是三伯父替我去买的。买票回来我发觉他额上有个乌青块，问怎么回事。他搪塞说是不小心撞在门上了。许多年以后我才知道在买票途中，他路见不平，与人争执，被殴而致。三伯父过世已多年，每想起此事，我总深感歉疚。

5月8日上山。山上对外开放的一家招待所房价每晚7元。前不久，整理旧物我还看到过那张收据。我想放放好，结果现在反而找不到了。借宿除需出示工作证外，男女同房必须出示结婚证。房间很干净，有阳台，只是这阳台一长溜可通隔壁房间，外出或宿夜须锁上阳台门。

放下行李我们四处去山里撒野，偌大的景区几乎没别的游人。一幢幢别墅各具风韵，很美，可惜大门紧闭不对外开放。没有导游，建筑物上又无任何说明。只听说谁谁在这里住过，却不知是哪一幢。蒋介石与宋美龄住过的武陵村还是问了当地百姓才找到的。山里环境幽雅，只觉得能住在这里消暑养心真像神仙一般。

后来的许多年里我两次到过德清，却一直无缘登莫干山。作协小说组的活动，终于了我心愿。

上山的路是后筑的，1975年我记得是在北面上山的，听导游说因为一次翻车，北山的路被封。现在从武康通往山里的路虽平缓些，却仍要绕两百多个弯。比我年轻几岁的一位作家半途已呈不适状，边咳边吐，脸色灰白。

都说莫干山是著名的避暑胜地，这天却不觉凉快。午后去皇后饭店，觉似曾相识。当年我们曾在这里拍过照。殷慧芬坐在低低的石围栏上读书，照片仍在。欧洲城堡式的别墅依然如故，低低的石围栏也一成不变，只是一排大树更加枝繁叶茂。这幢邬达克设计的建于1934年的别墅今天已对外开放，室内的一个旋转楼梯至今风韵犹存。毛泽东1954年3月在莫干山休息的正是此处。

之后我们又去武陵村,这里因曾接待过蒋介石、宋美龄、蒋经国而著名。1975 年,殷慧芬记得当地百姓说有一棵宋美龄当年种的树。如今此处绿荫蔽天,她居然没找到那棵树。

莫干山景点多,每一幢别墅都蕴藏着丰富的历史文化内涵,除皇后饭店、武陵村外,还有黄郛的白云山馆,张静江的静逸别墅,杜月笙、张啸林的林海别墅等。我们当年几乎走遍。今天仅看了两处,多位同仁已觉疲累,甚至连最著名的剑池都不再想去。我和殷慧芬游兴不减,不去剑池就像没上过莫干山。

传说中的剑池是莫邪干将磨剑之处,荫山修篁幽谷之中,试剑石、观瀑亭、四叠飞瀑、摩崖石刻……触目皆美景。回想当年上上下下轻松敏捷,如今一个来回,却大汗淋漓,气喘吁吁,已显老态。

之后去裸心谷,有人骑马驰骋,有山地自行车穿梭,还有野虎越野车体验中心。房价不菲,居然爆满,也许有太多人喜欢这里。喜欢裸心,喜欢把心敞开交给大自然。裸心谷的出现,让莫干山越显年轻。

莫干山翠竹满坡,清泉竞流。我漫步山间,经过人去楼空的昔日别墅,忽觉山水依旧,天地依旧,而曾经的别墅主人却不知所去。他们之中不乏一代枭雄,如今却都化作僵尸和灰烬。

我仰望莫干山天空,忽生"人生易老天难老"的感慨,更觉这"天"字上面两横,正像莫邪、干将二剑,一剑悬在人的头顶上,一剑横在人的咽喉间。人,能逆天吗?

2014 年 8 月

散慢在扬州

《广陵散》《扬州慢》，这"散慢"二字似乎与扬州有缘。其实，曲名《广陵散》，只是说明此曲流行于广陵。《扬州慢》也只是姜夔感怀扬州的自度曲。古曲的慷慨激昂、白石道人对古城时移景迁物是人非的"黍离之悲"，与"散慢"毫不相关。然而，去扬州散慢一回，对一个大半辈子紧张着、忙碌着、被清规戒律束缚着的我，却充满了魅惑。

2009年冬，我随嘉定区文史委去扬州，在富春茶楼喝早茶、品三丁包，游史公祠、何园，也算悠闲，但因带着公务总还有制约。"扬州十日""嘉定三屠"被史学家们并提，我站在史可法的塑像前，恍若有刀光血影，心头悲怆沉重，无法轻松。到了夜晚，想去"水包皮"，又怕被误解，也未如愿。第二天离开时，我总觉有什么遗留在那里，心生些许憾意。

今春，儿时的伙伴"黑炭"约我"下扬州"，我慨然应诺，为的就是弥补上回的不尽兴。同行的除殷慧芬外，还有黑炭在云南的"插兄"小宝、被我称作"上海扬州人"的荣生。

抵达下榻的宾馆后，小憩片刻，便去用餐。主人东林一口上海话，是"扬州上海人"，因忙得不可开交，寒暄几句便让荣生代他接待。

扬州菜做得真是讲究。煮干丝、狮子头在这里品尝毕竟与别处不同。一碗乌参荠菜羹，黑是黑绿是绿，刚端上来就惹人馋涎欲滴。一盅腌菜炖河虾，滋味相互渗透，其鲜美自然更甚。即使是再普通不过的阳春面，因为汤汁是虾籽熬制，连汤都被喝个精光。

酒醉饭饱之后去一家叫"龙飞"的休闲中心沐浴。门口广告很有趣味："领导放心，太太放心，顾客开心。"意即全无"色情"之嫌。大家笑道："现在的领导是不是都让百姓放心还要打问号呢，让太太放心、顾客开心倒是真的。"

沐浴在扬州已形成一种文化。城里的旧时浴室有各式对联，如"入浴突感全身暖，出门顿生满面春"，"洁净浴池流涓涧，源渊沧浪泛清波"等，读来饶有兴味。位于三义阁的永宁泉浴室，浴池两旁楷书石刻对联："身离曲水精神爽，步上瑶池气象新。"横额："临流"。浴池东门有扇形石额，刻隶书"涤垢"二字，为清代书法家吴让之咸丰六年（1856）所书。大诗人白居易经扬州曾写下"今朝一澡濯，衰瘦颇有余"的诗句，曾为扬州太守的苏东坡，常到浴室沈澡、擦背，一首《如梦令》："水垢何曾相受，细看两俱无有，寄语揩背人，尽日劳君挥肘，轻手、轻手，居士本来无垢"，再明白不过地记录了他的享受。

今人大多在居所洗澡，无缘像苏东坡那样常孵澡堂常擦背。看着大汗淋漓的擦背师傅，我并不希望他"轻手"。在师傅刚柔相济的搓揉下，脏垢在背上不断爬出，毛孔顿开，经络也顿感流畅。走出店堂，我浑身舒坦，向同伴叙说久违的畅快。让殷慧芬念念不忘的是踩背姑娘的灵巧双脚："活络得让人分不清是手还是脚。"我关心她的眼睛，说："小姑娘把手搓得火烫，捂在你眼皮上，舒服吗？""当然舒服。"她答道。那种热烘烘的感觉于她于我自然难忘。黑炭、小宝、荣生也都对"龙飞"的"一条龙"服务赞不绝口。

次日早上我们去冶春茶楼"皮包水"，临出宾馆，见园林工人培土、植草，一片忙碌。大门口，一辆塔吊正在吊运一块巨石，以至我们的车差点开不出去。到了茶楼，附近的草坪上也在种树铺草。隔夜说好陪我们喝早茶的东林又未履约，代他作陪的老周说他正在参加市长召开的紧急会议。我们一天的行程东林已作安排，早茶后游东关街、东圈门，然后在卢宅用午餐，下午坐"乾隆号"游瘦西湖。

扬州盐商富甲一方。当年乾隆下扬州，为博皇上一笑，盐商一夜之间在瘦西湖上用盐堆砌一座白塔，足见其财力之伟。卢氏古宅被誉为"盐商第一楼"，建于光绪年间，前宅后园，进深百余米，占地6100多平方米，恢宏豪华。能置身其中用餐，品味的便不仅是淮扬美食了。

农历二月天，正是早春时节，我们从御码头上船，随着船在行驶，瘦西湖的景色如画卷般在面前舒展。杨柳爆出新芽，绿叶笼烟，窈窕多姿；桃花尚未盛开，含苞的花蕊却若少女跳动的青春；春梅正艳，倒是与垂柳勾勒了另一番红绿相间的景致；迎春开得很盛，丛丛绿冠下金灿灿的黄色连成一片，绚烂耀眼；玉兰、山茶、海棠、芍药和绿丛中无名小花的姹紫嫣红，纷繁七色尽收湖畔。湖中，间或有游船从一边擦舷而过，身穿蓝印花布的船娘摇橹时的婀娜，因这湖光水色的秀美也更添几分妩媚。

船经西园曲水、长堤春柳、小金山等景点，见横卧的五亭桥与屹立的白塔浓彩与素白互为交映，勾勒了一幅华丽的山水长卷，"饱览春色"的含义我此时才有所体会。在二十四桥，毛泽东手书杜牧的诗句被镌刻在汉白玉石碑上，"二十四桥明月夜，玉人何处教吹箫"脍炙人口。有说桥因古代二十四美人吹箫于此而得名，留给今人想象无限。二十四桥又名红药桥，姜夔词云："念桥边红药，年年知为谁生？"我看着熙来攘往的中外游人，倒想告知姜夔，不必再伤悲，如今桥边红药正是为他们所生。这"他们"当然包含我和黑炭、小宝诸位。

离开扬州时，东林让老周代为送行。老周说为迎接一年一度的旅游节，东林实在忙，只恨分身无术。听着老周的介绍，看着旁边园林工人依然在挥汗劳作，临上车时我忽觉得这散慢闲雅与紧张忙碌本就是孪生兄弟，有了东林乃至园林工人、擦背师傅、厨师、点心师们上上下下的紧张忙碌，才有我们的优雅散慢。广陵"散"、扬州"慢"，来之本不易。

2010 年 4 月

黎里缆船石

这些年，我们夫妇常在世界各国游走，在北欧芬兰，据说该国平均每5人拥有一艘私人游艇。当我在大西洋畔海湾看到鲜艳的各色游艇，在羡慕他们公民富裕的同时，却注意到那里的缆船桩十分简单，钢结构，实用却冰冷。后来我在丹麦、挪威、土耳其、立陶宛、新西兰等国的海岸和英国、瑞士等国的湖区，所见缆船桩也多大同小异。

每每见到，我就会想起十来年前，在黎里看到的缆船石。我想哪天有机会再去看看。丁酉冬日，应朋友邀，我终于又有一次踏访黎里，欣赏那里缆船石的机会。

缆船石，顾名思义是为船只泊岸时系缆所用，常见的一种是柱状的立桩，而黎里的缆船石许多则与驳岸砌在一起，是嵌入式的。其中不少雕有纹饰，精彩纷呈。这种缆船石，江南别的古镇也有，但如此集中和丰富，黎里可谓独一无二。

据说这种嵌入式的缆船石，黎里民国时最多有千余颗，至今保留下来的还有250多颗。我不知道是因为什么，在这几十年中消失那么多。惋惜之余，我仍感经过种种"运动""破旧立新""文革"之后，今天仍有二百余颗幸存，成为水乡一道独特风景，已属万幸。

当地朋友见我热衷缆船石，将我引向市河边，指着对岸问我:"看到了吗?上面雕的是梨花。那是因为黎里的前身是梨花村,因千树万树梨花开而得名。'吴江三十里,地号梨花村。我似捕鱼翁,来问桃源津。'清代诗人袁枚曾用诗句描绘黎里。"朋友的解说,让我知道缆船石中许多鲜为人知的人文故事。缆船石在黎里,已是一种文化。遗憾那时暮色降临,又在蒙蒙细雨中,看不真切。

黎里朋友又带我去当地的陈列馆。近距离,面对面,缆船石上雕刻的如意、犀角、爵杯、五色旗、瓶生三戟、瓶生蜂猴、如意蹲鹿、葫芦蝙蝠等,让我大开眼界。有一方刻了稻禾上两枝穗,饱满却有在风中摇曳的感觉。朋友介绍说:"沉甸甸的稻禾,寓意丰收。旁边还有一方雕有万年青,连在一起,主人用意是丰收万万年。"黎里旧时以产粮为主,祈求谷仓年年盈满,是他们最朴素的美好愿望。

"瓶生三戟",是"平生三级"的谐音;"如意蹲鹿",是"如意得禄"的谐音;瓶上蹲猴有蜜蜂,"瓶生蜂猴",是"平生封侯"的谐音;如意上首加一块"笔锭",寓意"必定如意"……图的都是好口彩。更有一方"葫芦蝙蝠",体现了它用于系船之外的水位警示功能。潮汛季节,水位在石下,百姓尽可安心;如果河水没过"葫芦",则提醒人们应该警觉了。水一旦将石刻蝙蝠淹没,"没蝠"意即"没福"。这方"葫芦蝙蝠",充分说明主人防范灾难的忧患意识。

为了看清黎川河埠真实的历史遗存,几天后,我再次驱车前往。小车发动后离开泊位时,我忽然想到这"泊"字的由来。三点水,正说明"泊车位"原来是由"泊船位"演变而来。明清年代，公路并不发达，更无什么汽车、火车、飞机，水乡普遍以舟代车，水路河道是百姓出入和运输的主要通道。鲁迅笔下摇着船看社戏的景象在我眼前仍然那么生动。苏州附近像黎里那样的水乡小镇，若来了一档像"评弹皇帝"严雪亭那样的名角，邻乡就会从四面八方摇着船来，船系在缆船桩上，人却上岸听书去了。

黎里沿河人家，几乎家家都有泊船位。当年那成百的小船系缆在岸边，那是怎样的一道风景啊！初冬的阳光下，我流连在黎里市河两岸，有点像阿Q那样想象着，那景象一点不比今天大西洋、南太平洋、波罗的海、地中海港湾停泊的一艘艘私人游艇逊色啊！再次目睹老祖宗遗留的缆船石，相比他国海岸简单冰冷的钢铁制品，犹觉黎里的缆船石更美、更温暖、更古朴、更有内涵、更珍贵难得。

2017年12月

探寻"漆园"

知道唐明修有个"漆园",是因为那本同名画册,刘国斌送的。收到那天我一口气读完,大呼过瘾,因为福州北峰秀丽的山水风景,更因为唐明修的仙风道骨和绮丽漆艺。

"前门一开,雾飘进来了,后门一开,雾又飘走了。临告别了,唐明修在院子里剪几枝梅花,权作馈赠礼物。"刘国斌这样描绘那里的景境。说得我心里痒痒的,充满了对"漆园"的憧憬。

如今到了福州,我当然不能错过"漆园"。

"唐明修早不在山上了。"国斌说。"唐明修现在是中国美院漆画系主任,在杭州。这我知道,但他的'漆园'我一定要去。"国斌见我坚决,答应道:"好,那就去。顺便看看山上别的漆艺家。"

他联系上了老郑的一个亲戚。上世纪90年代之后,福州的文人陆续在北峰建屋,除唐明修外,诗人吕德安、学者何连等也都喜欢上了那里的山雾溪水。老郑原先是房地产商,赚了钱后忽然厌倦那买卖场合,远离尘嚣,也躲到山里来涂抹那红和黑的大漆,居然也自成一家。

第二天一早,老郑的亲戚开着辆本田车来接我们。山路弯弯,经过北峰森林公园和山上的宦溪镇,七拐八弯到了一个叫降虎寨的村子。那真是一个美丽的地方，满眼绿意，青山、溪水、长着青苔的山径、风中摇曳的修竹，空气中弥漫着让人难忘的清新。这里海拔仅360米，气候也正合适旅游，周围却仍是冷寂僻静，整个山里只有我们一拨游人，真有些远离俗尘的境界。

老郑家大门紧闭，邻家一个戴眼镜的斯文汉子正在石阶上扫落叶，我们问："老郑不在家？"他说："昨晚还和他一起喝茶呢，不会吧？"他家的门可通老郑家，"我看看去。"他奔上几级台阶，远远一望，"他的车不在，估计下山了。"我问刘国斌："事先他不知道？"国斌说："山上手机没信号。我以为他总在的，谁知吃素碰到月大！"老郑邻居说："没事没事，他家的门开着，你们可以看看去，完了来我这里喝壶茶。"

外出可以不闭户，又有邻居以茶相待，这种淳朴之风在山下似已久违，隐居在此，真有恍若隔世、返璞归真之感呵。

树叶飘落在石阶上，小树林高低起伏，由远及近，把四周染得一片碧绿，间或三两株树上开着白色小花，有几丛红花在绿叶中开得正艳，数丛修竹，一扇柴扉，随意置放的大缸和茶桌，把这庭院营造得世外桃源一般。主人不在，屋里做漆的工具都在，漆碗、漆刷、未完成的作品，一切都展示着唐明修离开北峰后，福州的漆艺家依然在这里髹漆，黑漆、红漆、金漆，各种色彩都在向我叙说大漆艺术在这里的绵延不断。

离开老郑家，我们直奔唐明修的"漆园"。刘国斌在福州工作时，每逢休息日，就往这里跑，与唐明修互为知己，对这里极熟。"漆园"的大门锁着，铁制的门环锈迹斑斑，过年时张贴的红色门符却依然醒目，里里外外的绿树也依然葱郁。早听说"漆园"有漆树，今却因为门关着便分辨不出是哪几棵。刘国斌在不显眼处发觉贴着供电公司的抄表数字，这个月与上个月一样，上个月又与前个月相同。"说明这里很久没人住了。"他说，口气中似带有对往昔的几分眷恋和人去楼空的一声叹息。

"1994年，我在福州北峰海拔360米的地方建了一座工作室……那几年，我修房、建园，看着春去冬来，漆树的生长……春天的新绿，夏天成串的果子，无数的小鸟在上面觅食，到了秋天，满树是漂亮的朱砂、黄骠……冬天红叶落尽，那树是黑色交错的线条。当地的农民告诉我，漆树的播种就是靠那些觅食的小鸟，鸟儿吃了漆果，将种子随粪便排出，漆树就是这样繁殖的。"

我站在"漆园"门口，想起唐明修的这段自述，觉得唐明修不就是这样的鸟儿？他在山上十多年，与大漆叙说永恒，淋漓即兴，放纵激情。2007年，中国美院许江的一声呼喊，他收拾行装，下山离家，行走和飞翔在更浩瀚的天地间，播撒大漆艺术的种子，用他历经修炼的生命岁月延续中华古国这七千年的美丽涂抹。

我们围着"漆园"，在周边山路转着圈，从不同角度向"漆园"深情注日。屋子一点不奢华，红砖木窗，白色的窗帘半掩着，廊檐下随意置放的塑壳热水瓶，有做漆的工具散落窗台上，院子里有一水塘，水塘边大小不一的瓮甏一溜并排站立，像在为主人守护家园。刘国斌指点着告诉我们哪间是唐明修做漆的，哪间是他起居室，哪间是接待客人的。他说他有时就和主人在院子里席地而坐，旁边一只小狗相伴，一只热水瓶，两把紫砂壶，三个白瓷茶盏，一聊就是大半天。刘国斌和他的同伴就在那时购买了一批唐明修的佳作。这批作品现在吴江刘国斌单位的大厅、过道、办公室展示，堪称美轮美奂。

在这里唐明修有一种性灵合一的宗教式体验，近似于禅宗中的入定。现在，他虽然下山，但在这他与大漆独自对话的空间，漆碗、刷子、刻刀仍在，还有作品在等着他继续髹漆，包括那只大得搬不出去的巨碗。唐明修曾经做过脱胎的石臼、井圈，做完放在室外。日子一久，一种叫"薜荔"的草在日月星辉风雨雾霭中慢慢攀爬，渐渐覆没了石臼、井圈。漆被吞食了，那绿色藤蔓仍在。站在与"漆园"一墙之隔的山径，俯瞰那园子里的一丛丛绿，我很难分辨那绿藤中是否还有石臼、井圈。

脚边，是那条紧挨着"漆园"的水渠。听着流动的汨汨水声，唐明修说他不孤独。不孤独是因为漆有生命，漆有语言，漆有变幻的容颜。溪水在越过渠中散落的石块时，我恍然觉得这水也如大漆般晶莹，抑或这水与"漆园"太近？

山径旁，随意置放的古代石兽上面，苔痕诉说着它们历经的沧海桑田。不时有一簇野花出现在你的眼前，是野百合，那么美，那么风姿绰约。我不知是唐明修的七彩漆艺熏染了她，还是她的美丽丰富了唐明修的漆彩？也许，他们相互拥有，相互辉映。前不久，美国国会图书馆邀请唐明修作学术演讲会，"比历史还古老"的中国漆艺赢得了东西方的共同尊敬，而唐明修在大漆艺术上的卓尔不群也为世人所尊崇。

余杭河姆渡出土的一只漆碗书写了中华漆艺七千年的悠远和风光。可是曾几何时，灿烂的大漆艺术在古国竟不知所去，而东瀛日本却从没中断漆的历史。这一切使唐明修面对中国美院许江的呼唤时无法推辞。因为对大漆艺术的一种特殊使命感,他决定下山布道。

不在,在。唐明修不在北峰"漆园",却在山下更为广阔的"漆园"里,没有围墙,没有上锁。

望着北峰满山遍野的苍郁,那种蓬勃和美丽抑或是大漆艺术更鲜活的青春和生命象征,中华漆艺涅槃后的重又光彩的预兆。

2011 年 8 月

从弥陀寺到佛国岩

武夷山作家黄贤庚向我推荐山北的弥陀寺,说这座按旧时原样修建的寺庙,砖木结构,素墙黛顶,古朴宁静,是一块净土,没有丝毫商业气息,很值得一看。

第二天下午,我就请武夷山茶友觉人夫妇当向导,寻访这座深山古刹。

与觉人相识于2014年秋,因为喜欢读书著文,那次临别时,我对他说:"你要把武夷山吃透,就是你的大优势。武夷山之外的文人,没人比你更熟悉武夷山。而熟悉武夷山的当地人,又很少有人能把武夷的美变作文字。你千万要身在宝山能识宝。"年轻人还真听进去了,一边读关于武夷山的古今著作,如《武夷山世界文化遗产》等,一边痴迷似的走山。分手一年半来,武夷山36峰,他走了近30个,武夷山99岩,他已去50多个。他自称"野导",没有导游资格证书,却胜于有证书的导游。因为他的博览,他对每个景点乃至一块岩石、一处岩刻,都能如数家珍。我一说弥陀寺,他就自告奋勇:"弥陀寺,就在弥陀岩。我带路。"

黄贤庚先生向我介绍的弥陀寺,建于清乾隆七年(1742),嘉庆元年、道光二年两次重修,同时统管山北广宁、佛国、佛应、清源四寺,曾经香火兴旺。1949年后,僧人散去。之后一度成为茶厂,但终因古屋缺乏维修,岌岌危乎,成无人问津的危房。九年前,皈依多年的佛家女弟子释宗英只身到此修持,立志孤守。她的执着虔诚,感动善士仁人捐资协助,终使这座古寺重现。

弥陀岩,武夷山99岩之一,位于佛国岩一侧。与佛国岩相比,小了些,远远望去,如一小尊佛像盘膝坐在蒲团上,故名弥陀岩。

午后,在暖暖的日光下攀山越岭,不多时便浑身冒汗,山路崎岖,幸亏一路茶园风光赏心悦目,让人走着山间小道却不觉得累。山崖边,迎面走来一拨游客,六七个人,走近了很奇怪地问:"你们怎么会走到这里来?"我说:"你们不也来了吗?我们有当地朋友带路。"对方笑了,说:"这弥陀寺,一般游客不知道,你们这是深度游啊。快去,弥陀寺主持正在泡茶迎候你们呢。"

终于看见弥陀寺了,淡泊宁静,不张扬也不显赫。寺前,一棵桂花树有三百多年,旧时的石槽上刻着"光绪二年"的字样。有两只黑狗见有生人来,叫了起来。女主持吆喝着让狗别叫,笑嘻嘻地请我们去喝茶。

这位女主持就是释宗英。我们喝着茶,听她说事。她76岁,在这里孤身度过九年,前四年住在牛棚,其间还有人装神弄鬼想吓跑她。后在她师父帮助下,修此寺庙。没修时,这里没人来,吃的米都是她自己从山下背上来,蔬菜自己种,修庙后,有人来了,但还是不多。

我望着她单薄的身影,觉得这就是一种修行,一种信仰。在当今急功近利的拜金年代,她的这种守望着实难得。

在弥陀寺小憩后,觉人问:"要不要去佛国岩?那里有个老茶厂旧址,据说民国时张天福在那里做过茶。不过路有点难走。"

释宗英鼓励我们去。于是,我们又翻山越岭往里走。

佛国岩四周树木葱茏,茶园绵延,老茶厂的厂房仍在,我还见到当年留下的旧茶箱。房屋已很破败,但门楣上"佛国岩"三个字分明是旧时遗痕。

许多年里,这里同样为一方清净之地。现在仍有一位看守的老人,据说是个酒鬼。他说:"夜里一个人,山风呼呼地刮过,门窗屋顶都会发出奇怪的声音,很骇人的,不信你试试。"

关于这个酒鬼,有许多负面的传说,然而,此刻我看到的是他的另一面,那是他的守望。

2017 年 2 月

诗文当赋宝山寺

陈鹏举写过《宝山寺赋》。"来今练祁之海气,往昔月轩之初心。始建有明之正德,遥接大唐之深恩。鹿乳猴桃,弘愿无私。僧衣围缝似井阑,登无上之座;佛手合十如兰指,拈菩提之思。嘤嘤鸟语,清清水木。锦岁之烟霞,素时之静穆。如若归家之依依,何曾临歧之凄凄……"每每读之,让我有一种向往。

丁酉年八月初九,鹏举邀我同去宝山寺。木结构的建筑,获得过全国鲁班奖……寺院的许多不同寻常,我虽有所闻,但到了现场,我仍为那里的气势所震撼。我恍惚觉得像在京都,又置身东大寺、平等院……平心而论,在国内,这种晚唐风韵的寺庙建筑很罕见了。山门、天王殿、大雄殿等顶部的转角铺作、昂头形式,雄浑大气的斗拱、四椽明栿卷曲的梁头……让我一次次惊叹。

报了世良大和尚的法名之后,我们径直进了方丈室。世良大和尚毕业于中国佛学院灵岩山分院,现任上海市佛教协会秘书长、宝山区佛教协会会长,2002年9月,主持宝山寺。坐下后,我直言宝山寺与京都佛寺的比较,继而话锋一转:"现在国内不少仿古建筑所谓的斗拱,都是假的。你这里全部都是手工做的榫卯结构?"世良大和尚答:"你说的假斗拱,是开了模具,用水泥浇制,我知道。"

"是啊,然后油漆一刷,只图光面冠冕堂皇,太省力了。"我的激将法让世良起身走到内室,取出几块木构件:"你看看,我这里是真榫卯吧?"

大家围了过来,一一细看。我还注意到这些木构件的用料:"花梨木啊!"用料都如此讲究,我心服口服了。

鹏举写的《宝山寺赋》,世良大和尚将它制成活字印刷雕版。世良对鹏举说:"今天你正好在,我们拓印几张,见者有份。"

活字在雕版上一一排妥,同来的年轻人有校对原文的,有刷墨的,有拓纸的,忙碌起来。看着墨色在宣纸上一张张鲜艳起来,世良对我说:"让他们忙去。我们去下面转转。陈老师写的赋,刻在石头上,你还没看过呢!"

《宝山寺赋》的勒石在寺庙东大门一侧,有11米长,2米多高,89高龄的韩敏先生书录,洋洋洒洒,笔力遒劲。和宝山寺的主持大和尚以及《宝山寺赋》的原文作者,在《宝山寺赋》的勒石前合影留念,是件有意义的事。欣赏了石刻赋文,拍完照,世良陪着我们参观已完工的一期工程和正在营造的二期工程,每到一处,便向我们讲解。二期园林中的水榭,已基本完工,正是夕照时刻,倒映在水池中一片灿烂。世良说:"在顶上我们想放个凤凰雕塑,镀金。"我想那时这水中亭阁一定更加辉煌。

走过长廊的时候,世良让我看花梨木扶栏上的包铜,走过门扇时他让我看门锁,他说任何一个细微处,比如包铜的纹饰,都是有据可查的晚唐风格。

工地一角是正在建造的佛塔,全木结构。我知道山西有个应县木塔,是中国现今绝无仅有的最高、最古老的重楼式纯木结构塔，不用钉不用铆，全靠斗拱、柱梁镶嵌穿插吻合接联砌建而成，近千年经狂风暴雨、地震、炮击，仍岿然不动。世良莫非想在当今也创造一个建筑史上的奇迹？果然，他说宝山寺在建的木塔也具备抗震能力。不远处的一座木塔模型，已经过科研机构测试，能抗八级地震。"我们严格按比例将这个模型放大，丝毫不怠慢。"世良大和尚信心满满。

宝山寺建筑的每一处无不体现精工细琢。一个天人合一的净土佛国正在不断完美。有灵魂的庙宇建筑，它的崇高与美丽庄严往往会使参拜的人们叹为观止，为一种强大的精神力量所征服。"满堂花醉，万象天聪"，凭着世良大和尚的道心坚固、信仰纯正，宝山寺做到了。

2017年10月

寻找天平之甍

日本作家井上靖写过一本《天平之甍》，说的是鉴真大和尚六次东渡日本弘扬佛法的故事。"唐招提寺主要建筑物大体落成，是在天平宝字三年的八月。普照每次到招提寺，总是抬头望望金堂的屋顶，在这屋脊的两端，就安装着他送去的那唐式的鸱尾。"井上靖在书中如此描述。

2016年冬日，我们有一次京都之行。到达京都的第二天，我们坐火车去奈良。奈良是公元710年，日本仿中国唐代长安城而创建的首都"平城京"，比京都更古老的文化中心。

出发之前，有朋友提醒：到了奈良别忘与鹿合影。似乎去奈良，戏鹿是必不可少的。因为读过《天平之甍》，一下火车，我们直奔唐招提寺。这"甍"就是唐招提寺金堂屋顶两端的唐式鸱尾。

绵绵细雨中，唐招提寺更显静寂。偌大的寺院里几乎没有别的游客。远离喧嚣，在安静中感悟恢宏庄严的气度，正是我们所求。儿子因为之前来过，这次充当了我们的导游。

进唐招提寺正门，一条青灰色砂道直通金堂。天色虽然有点灰蒙，但松柏掩映的金堂仍显庄严肃穆。屋檐的弧度优雅，最吸引我视线的无疑是屋脊两端的鸱尾。它们便是井上靖笔下的"天平之甍"，更恰切地说经过上世纪90年代历时十年的大修，这新

有几位僧人在默默修复门窗,心无旁骛

换的一对鸱尾，应称"平成之甍"。

一千多年里，朝代的更替已让平城宫不复存在，而唐招提寺的金堂依然保留着当年不凡风度。徘徊其间，脑际关于鉴真的传奇纷至沓来。

鉴真14岁出家，开元二十一年（733）46岁那年，自长安回到扬州，讲律传戒，声名远播。天宝元年（742），日本荣睿和普照等留学中国，访谒鉴真，恳请东渡传戒。鉴真问弟子有谁愿去日本国传法。无人对答。弟子说，日本和中国，隔着大海，路途危险，前往者很少能够安全到达。鉴真说："为是法事也，何惜生命？诸人不去，我即去耳！"鉴真决心东渡，着手筹划，先后五次受挫。天宝十二载（753）十月，鉴真最后一次东渡成功，是年66岁。前后有同伴36人死去，鉴真本人也已双目失明。

天平宝字元年（757），鉴真指导弟子们开工建筑唐招提寺，至天平宝字三年（759）落成。从此鉴真在唐招提寺讲律传戒。天平宝字七年（763）五月六日，鉴真圆寂，年76岁。他的遗体荼毗后，葬于唐招提寺东北角的松林中。鉴真生前，弟子们为他所制的夹纻坐像，供奉在寺中。

金堂面宽七间，八根巨大的廊柱托起斗拱梁枋。古老的木门木柱在岁月的涤荡中多了一些温润之色，与洁白的墙壁十分融洽。每扇门上悬挂一幅印花白布，用以遮挡强烈的阳光，布帘下留出一段空当，让游客瞻仰供奉在里面的佛像。

我不知道唐招提寺建成当年，鉴真大和尚站在他一手创建的金堂前想些什么。而此刻，我感慨良多。

千余年来，朝代更替，战争灾害，众生苦难，世事纷繁，乃至我们每个人的一生坎坷，都让我对鉴真心生无限感佩。

据说，在中国唐代遗留至今的木结构殿堂已所剩无几，一座是山西五台山南禅寺正殿，另一座是山西五台山佛光寺东大殿。建筑年代都晚于唐招提寺金堂。难怪梁思成说："对于中国唐代建筑的研究，没有比唐招提寺更好的借鉴了。"

我们行走在唐招提寺的庭院中，金堂右侧的那座小小的鼓楼，建于13世纪镰仓时代，供奉着鉴真从中国带来的佛舍利，因此也被称为"舍利殿"。一排长条的建筑是礼堂，有几位僧人在默默修复门窗，心无旁骛。

再往里走，见御影堂，内供鉴真坐像，面向西方，双手拱合，结跏趺坐，团目含笑，两唇紧敛，表现了鉴真圆寂时的姿态。面向西方，向西，越过大洋便是他的故土。可惜我们去的那天御影堂不对外开放，无法瞻仰。东山魁夷为御影堂绘制的《云影》《涛声》《黄山晓云》《扬州薰风》等几十幅屏障壁画，也无缘一一欣赏，甚为遗憾。

沿御影堂左后侧林荫道行走，有一土墙围着的小院，那是"鉴真和尚庙"。院内是一片水杉林，地上长满青苔，沿小径走到尽头过桥有一座土丘，土丘前置有石桌、祭坛，丘顶立有一座石塔。那正是鉴真大和尚之墓。

寺院西侧，又见一座小院，院落非常安静，院中立有一座以石块垒筑的方台。这便是唐招提寺的"戒坛"。

唐招提寺的园林极为洁净。一方水池，一处苔地，会让我忘却红尘烦恼。细雨霏霏中树林幽翳，黑褐色的树枝上凝挂着晶莹的雨滴，宛若珍珠，在黄色的泥墙映衬下皎洁异常。想起六渡东水，历尽艰辛的鉴真大和尚，双目失明时，唯凭泥土气息确定伽蓝道场之地，不由感慨此地可谓净土之界。

一片幽静的苔园是我们忘忧的另一境地。那是一个不起眼的院子，入得院门，只见有青苔照眼，嫩翠欲滴。四周非常安静，微风吹过的声息都可以听得见。秀木参天，盘根错节，青苔遍地蔓延起伏，如碧纱封镜，秀草盖尘，似绿缎，若割绒，让人心动。

面对如此风景，我想，寻找天平之甍，我寻找的不仅是金堂屋顶的唐式鸱尾、伽蓝建筑的唐代风范，我寻找的更是久违了的清寂干净。在厌倦了当今各地不少名刹涂红抹金、表面金碧辉煌却嘈杂喧嚣、商业功利的氛围之后，能在东瀛感受唐招提寺的这份静穆，我着实感动。我更感慨这样的绝尘肃静之境，正是因为鉴真大和尚的造化，其本源来自千年之前的中国。我真想在鉴真大和尚的故土，能寻找这样的沉静。

走出唐招提寺，只见一片稻田，一池清水。寺外依然是那么清寂安静。

2018 年 2 月

京都的茶室

去京都之前我读一本《重新发现日本》，副标题是"60 处日本最美古建筑之旅"。千利休所建茶室"待庵"名列其中。与其他 59 处日本最美古建筑比，待庵只是一个草屋，面积最小，最简单，只有两张榻榻米大小，而且不能入内参观，即使只让你看外观，从窗口往里张望一眼，也必须提前一个月预约。我们随儿子去京都时，恰逢元旦，正是待庵休馆期，连观看外形的机会都没有。

未去，究竟有点遗憾。好在京都还有别的茶室可看。

京都灵山之麓的高台寺，建成于 1605 年，是 16 世纪日本政治家、军事家丰臣秀吉的妻子为纪念丰臣秀吉而建。与寺内造型宏伟壮丽的建筑比，几处茶室，毫不起眼。走过遗芳庵时，我见门开得很小，再矮的人也无法直立着进出。

儿子说：那是为了体现对茶的恭敬，为了茶，任何人必须低头弯腰，脱掉鞋子，跪着爬进去。当然更不允许武士佩刀和宝剑入茶室。

我伫立在这扇小门前，不由摘下了头戴的帽子。

穿过一片竹林，沿山路拾级而上，有两座茶室：伞亭和时雨亭。与山下的遗芳庵一样，两座茶室也是以茅草为顶。伞亭，亭形如伞。亭顶竹木伞状结构，像把撑起的雨伞。它的正式名字叫安闲窟,是根据千利休的构思建造的,原来建在丰臣秀吉旧居伏见城内,是丰臣秀吉夫妇用来待客的,后迁至高台寺。

与待庵一样,伞亭不能入内参观,但透过小窗可见亭内格局,古时茶道的制式依然。整个空间以地面、壁和天棚构成,简朴明了,没有任何多余的装饰。按照日本人的茶事习惯,奢华反而会让人们不专心品茶,而静寂朴实的环境更能让饮茶人在茶香中忘掉世俗的种种忧烦。

时雨亭是日本唯一的二层茶室,当初建在伏见城内一个丘陵上,可远眺大阪城。两个历史悠久的茶室被后人移来高台寺,筑于寺内最高处,也体现对茶的崇敬。古朴的两间茶屋相距十来米,毗邻而立,宁静淡泊,与山脚竹林浑然一体。

京都类似的茶室有时在不经意中也可见到,古朴、简洁、淡雅,又与禅相连。比如在岚山偶见的指月庵。这"指月"之说便源自《六祖坛经》中的记载。

我去金阁寺,夕佳亭也让我怦然心动。金阁寺本名鹿苑寺,位于京都市北区,1397年由室町幕府第三代将军足利义满在原西园寺的旧址上改建。那天去时,正是傍晚,夕照下的金阁寺倒映在水中,水上水下华丽得让人惊叹。

看够了金碧辉煌,我们顺路前行。树叶缝隙间,仍有金光闪来。我偶尔回头,似乎对这座富贵的楼阁还有留恋。抵达小路终点,我看见这座简单的草庵,称"夕佳亭",是江户时代所建茶室。也许有人觉其简陋,但这恰是侘寂之美的所在。

我内心一阵感动,那是因为这座草屋与金光闪闪的奢华亭阁所形成的强烈反差和对比。回想一路走过的景点,银河泉,据说足利义满煮茶用的泉水取自那里，而岩下水，据传足利义满进入茶室前必在此洗手。

在游客挤拥的喧闹中观望金阁寺的华丽，再从华丽中沿自然风光走向茶室的简朴。我的行走是一种怎样的体验？似乎是一种人生的行走，禅意充满其间。金阁寺，不只是金光闪闪的楼台亭阁，更有山林、泉水、草屋，彼此相连映照。从尘俗喧闹到金碧辉煌再到简朴自然，这种体验更是一种隐喻。

夕佳亭，茶室的名字让我想起陶渊明的句子：山气日夕佳。也许唯有在这草寮中安静地喝杯茶，才是人生中真正熠熠生辉的时刻。

2017 年 9 月

包车去看海

万座毛、今归仁城迹、古利宇岛在冲绳同一个方向,儿子知道我喜欢这些自然风光、人文古迹,专门包了辆出租车前往,总价 24000 日元。

按约定时间,一辆蓝白相间的出租车停在酒店门口迎候。司机一见我们,礼貌地向我们鞠躬,接过我们手中的行囊,又为我们一一开车门。

司机六十上下,在日本,这样的年龄仍在开出租车的不少。上车后,瘦小的他叽里咕噜用日语向儿子征询意见。儿子转达说,问我们先去哪儿,要不要上高速。我说先到万座毛,再去今归仁,最后古利宇岛,高速优先。在国内坐出租车走高速,过路费全由客人承担。但走高速快,可多留时间看景,出门在外也就不算这些小钱了。

到过冲绳的朋友形容:"一到万座毛,就感觉被蓝色包围了,美到落泪!"文字有点煽情,但万座毛的悬崖直临大海,确实令人震撼。

今归仁城迹是世界文化遗产,去那里的游客不多,包车司机也不常去,沿途问路好几次才找到这个古迹。

气势雄伟的百曲城墙娓娓叙说古代琉球国的烽火岁月。我联想到我曾经去过的八达岭、金山岭长城,14 世纪琉球国的北山王也用筑墙抵御外来侵击，异曲同工啊。更美的是，我们去的那天，冲绳的早樱开得正盛。大片早樱在古代城墙下，在盘旋曲蜒的旧道两侧，红云般一片，美极。登高远望，远处是蔚蓝大海。红的樱花、蓝的海洋，和赭石色的城墙互为交织，人文历史与自然风光互为交融，美轮美奂，可谓大饱眼福。

午饭时间，景区有快餐店。我让儿子请日本司机也来吃定食："我们吃什么，他也吃什么，将就些，请他多多包涵。"不一会儿，儿子独自从停车场返回，说司机婉言谢绝了，还转达了他对我的谢意。

离开今归仁的时候，包车司机正在车上吃他自带的盒饭。见我们走近，微笑致意。我请他继续吃饭，我们可以等。他摇摇头，立马放下没吃完的盒饭，起身为我们开车门。这一刻，我有点感动。我联想起国内的几次包车，不但要伺候司机吃住，司机更像个爷们，有时还拉你去他的关系户那里买这买那，忽悠你。

去古利宇岛，因为不熟，老司机兼任"导游"，在跨海大桥、心形礁石等好几处景点主动停车，让我们尽情游玩。我们要拍合影照，他很乐意地当摄影师。

在冲绳北部度过很开心的一天，包车司机仍然从高速公路送我们回那霸的酒店。结账的时候，我特别提醒儿子别忘了付高速公路过路费，去时860日元，来时1120日元。司机说总价中已包含了，不必再付。

望着这位并不年轻的老司机为我们拉车门鞠躬送别，我好感慨。在日本，这样的出租车司机比比皆是。前一天，我们在那霸市区用完晚餐打的回酒店。酒店新开张不久，司机不熟，开错路到了另一家,计价器上显示金额770日元。他主动关掉计价器后,再往前开,不再收费。从晚餐地到酒店原打车费在880日元左右,我想按880日元付费,司机执意不允,还连连鞠躬,口口声声"对不起"。

亲历在冲绳打的,让我想起国内有些出租车司机。我一位朋友平时一口男中音国语,声音好听可与蒋勋媲美。有次打的,他用国语说了个目的地,上路后他便打盹休息。待他再睁开眼,突然觉得路很陌生。他用一口纯正沪语责问:"朋友,侬开到啥地方来了?"司机一听顿时惊讶,反过来责怪:"侬是上海人啊?侬一上车就好讲上海话了。"我在国内坐出租,不愉快的事情也时有所遇,旅游回来,请国内司机相帮提提行李,要好话说尽,更别指望他向你鞠躬开车门了。

想到这里,我深感在冲绳包车去看海很值。我不仅看到了海的美丽,更看到了一位瘦瘦小小的日本老司机心的美丽。

2018年6月

契夫萧安的狂放蓝色

一篇年轻人写的关于契夫萧安的游记，居然让我有想去那里的冲动。2016年9月，我终于来到这个位于摩洛哥东部的北非城市。

契夫萧安位于丽芙山区，有"摩洛哥天空之城"之称。我们入住帕拉托阿（PARADOA）酒店。因为山城尽是凹凸不平的小路，旅游大巴无法前行，大件行李只能由酒店派小车到停车场来接。旅客自己携带小件背包，步行去这家四星级酒店。弯曲的巷道，蓝白交替的墙体，让大家一下大客车就觉如坠梦境，恍然觉得像是天上打翻了蓝色颜料，整座山城如同童话世界。

办完入住手续，顾不得一路疲惫，我和殷慧芬就在旧城区行走穿插，像两条鱼在蓝色的水中遨游。

据说在15世纪时，这里只是一座堡垒，与西班牙相隔一个直布罗陀海峡。1471年，有犹太教徒和伊斯兰教徒从西班牙逃亡，在此落脚，仿佛与世隔绝。这里的生活习俗、语言等都深受西班牙影响，在西班牙早已失传的卡斯提尔语，在这里却依旧保留。

蓝色，犹太教中天空、大海、神圣的象征。上世纪30年代，犹太教徒把契夫萧安所有建筑物的外墙抹成蓝色。有一说，是因为蓝色可以驱蚊，让人觉得凉快。而我更觉得这种肆意的涂抹，是为了倾诉和宣泄历史留给他们的悲哀和忧伤。

山城如同童话世界

1948年，以色列建国后，居住在契夫萧安的大部分犹太教徒离开了山城。但他们创造的蓝与白却永远留在那里，成为一道风景，给全世界的旅人带来唯美的梦幻。

与我到过的地中海边另一个蓝白小镇突尼斯的西迪博赛德相比，那里的蓝与白比较有规则，通常是白色的墙体，蓝色的门窗。蓝色在那里似乎只是白色的点缀，干净、安宁，守着一种本分。而契夫萧安的蓝色，则更张扬更随心所欲更肆无忌惮。它没有规律，不局限于门窗，不只是白色建筑物的点缀。居民们任意涂抹，想怎么蓝就怎么蓝。不只是墙体，连屋顶、门窗、楼梯、过道、弄堂，甚至一个小小的供水点，都是深浅不一的蓝色。变幻无穷，汹涌澎湃，置身其中，犹如被偌大的蓝色布篷所包裹，被无边的蓝色海洋所淹没。

在城里散步，邂逅了三位来自深圳的年轻姑娘，她们在摩洛哥自助游20天，在契夫萧安住三天。我读过的那位写契夫萧安游记的年轻人花五天时间泡在这座山城，那些巷子她不知走了多少遍，语言的毫无障碍使她们和当地居民可以随意交流和沟通。我真羡慕今天的年轻人，她们可以那样的任性，就像这里的蓝色可以那样的自由、洒脱和放纵。而我们，语言的束缚、必须遵守的旅行团的纪律，不得不循规蹈矩，不得不违背内心的愿望，不得不明天早晨就离开这个童话般的山城。

也许因为停留时间的短暂，整个下午我们对这个诗意山城的游览更是贪婪，更想通过不倦行走为自己留下更多的难忘镜头。

漫无目地走走停停，似乎在半梦半醒之间游荡。蓝色的大门、蓝色的墙壁、蓝色的台阶、蓝色的内饰……铺天盖地，在透迤的蓝色巷弄里我有一种惘然和迷失。

拱门、阶梯、石级……穿梭蓝色建筑物期间，可见慵懒发呆的猫。间或相遇的老人、妇女和小孩，大多是怯怯的一眼，然后低着头与你默默擦肩而过。这又让我想起同是蓝白小镇的西迪博赛德，那里的人们相比契夫萧安似乎更开放，更热情。撞见一支迎亲的队伍，且歌且舞，她们会让殷慧芬参与其中，一起欢庆；邂逅一个漂亮的当地美女，与她合影，她竟调皮地与我互换帽子，踮着脚把她的小草帽戴在我头上。

萧安的男女老少却不这样，更多的是沉默、略带忧抑。我想，这是否因为他们的祖辈从西班牙逃亡而来，在此落脚，而留下了几辈子抹不去的历史遗因？

不远处有薄荷茶的清香飘来，从蓝色小巷远望对面的山脉，我不知道此生还会不会再来这个小镇。我只希望这里的子民，有一天真正走出郁悒的阴影，希望他们的欢乐和奔放不仅仅展示在肆意涂抹的蓝色上，而体现在他们生活的每时每刻，渗透在他们的内心深处，让美与善的人性像这里的蓝色，充分释放。

2018年11月

冬夜"翡冷翠"

抵达佛罗伦萨时，是傍晚5点，北京时间正好是大年初一零点。除旧迎新，新年来临之际，国内一定爆竹礼花，热闹非凡。

窗外下着雨。细雨中，佛罗伦萨有点冷。恍然间我觉得当年徐志摩把这个城市称之"翡冷翠"，除了它确实有翡翠般美丽之外，是不是还有一种冷的感觉？

入住酒店之后，放下行囊，我们就尾随导游艾迪在雨中水银灯下穿越古老的街头巷尾。艾迪的渊博在佛罗伦萨绵绵夜雨中又一次发挥得淋漓尽致。

花之圣母大教堂在夜色中呈现着冷艳的美，很壮观。整个教堂建筑群由主教座堂、圣若望洗礼堂和乔托钟楼构成，哥特式风格，始建于1296年，1436年完工。圆顶据说是有史以来最大的砖造穹顶。1982年，佛罗伦萨历史中心被联合国教科文组织列入世界遗产，花之圣母大教堂是其中不可或缺的一部分。

夜间，这座佛罗伦萨的主教堂虽然大门紧闭，但门上青铜装饰的雕刻，像一本打开的书，向我叙述《旧约》故事。我细细观赏，像在虔诚阅读《圣经》篇章。

作为文艺复兴的发源地，乔托、波提切利、达·芬奇、米开朗基罗……都曾经在这座古城生活过。市政广场的雕塑作品正是多位艺术家留下的杰作。大卫像虽是复制品，但因为在佛罗伦萨，在冷寂的雨夜，仍引起我内心的阵阵激动。《海神喷泉》雕像、《科西莫一世骑马》雕像以及凉廊中《强掳萨宾妇女》《珀尔修斯高举美杜莎的头颅》等雕塑，让我展开了对这些作品背后故事的无限想象。

离开市政广场后，我们折入错综复杂的小巷。街窄，天暗，一种挥之不去的文化气息却长久弥漫。要不是艾迪的引领，密如蛛网的交叉小路真会让我们迷失。殷慧芬写过一部中篇小说《迷巷》，在这里，我对"迷巷"两字仿佛有更深切的体会。镶嵌在街巷拐角处的神龛不时与我的视线交汇。冥冥之中，圣母玛利亚像在默默关注着热爱历史文化的旅人，不管他来自世界何方。

我们漫步在小巷，居然走到米开朗基罗居住过的地方。瞻望他的故居，三楼的窗户关闭着，却依旧如故。墙上一块标牌是意大利文还是英文？在雨夜中看不清。艾迪说："这标牌上写的是：米开朗基罗曾经在这里居住。"

夜色渐深，我对艾迪说，这里还有但丁故居哩！艾迪笑了，卖了个关子："今夜怕来不及看了，赶了一天的路，你们也累了。欢迎你下回作意大利深度游，我再做向导。"在国外，由于语言不通，跟团游，总有遗憾。艾迪又说："明天还得赶路，去比萨，看斜塔，看伽利略在古城墙上行走思索的遗迹。"

回酒店的路上，经过圣十字教堂。艾迪告诉我："这里埋葬着但丁和米开朗基罗。"因为但丁和米开朗基罗，我肃然起敬。我在这圣十字教堂门前站了很久，尽管冷雨霏霏。我想起鲁迅早年在《摩罗诗力说》一文中曾引用英国人卡莱尔的话："意大利虽然四分五裂，但是实际上是统一的，因为她产生了但丁……等

花之圣母大教堂

到兵刀炮火都摧毁了,而但丁的歌声仍然存在。"

无论但丁、米开朗基罗还是伽利略,甚至更遥远的圣彼得,在罗马在佛罗伦萨在比萨仍都有迹可循。而在我的国,这几十年里被拆除的历史古迹有多少?行文至此,我正好在互联网上读到一篇文章《被拆掉的著名古建筑,每座都很惋惜》,罗列了北京古城墙、庆寿寺双塔等几十处。其实何止?说成千上万也丝毫不为过。

我心中的痛,又让我想起徐志摩的"翡冷翠"。在文化遗存面前,这个冷清、冷静的"冷",总比热闹、狂热的"热"要好。我真想让有些因为利益驱动而"热昏"的官员来佛罗伦萨,在但丁、米开朗基罗的遗迹面前,多吹吹冷风,淋淋冷雨。

2018年10月

图书在版编目（CIP）数据

土布上的乡愁 / 楼耀福著 . —上海：文汇出版社，2019.7
（新时期嘉定作家群文学丛书）
ISBN 978-7-5496-2891-9

Ⅰ . ①土… Ⅱ . ①楼… Ⅲ . ①随笔－作品集－中国－当代
Ⅳ . ① I267.1

中国版本图书馆 CIP 数据核字（2019）第 127899 号

土布上的乡愁

著　　者	楼耀福
策　　划	朱耀华
责任编辑	徐曙蕾
特约编辑	甫跃辉
装帧设计	张志全

出版发行　文汇出版社
　　　　　上海市威海路 755 号
　　　　　（邮政编码 200041）

照　　排　南京理工出版信息技术有限公司
印刷装订　上海天地海设计印刷有限公司
版　　次　2019 年 7 月第 1 版
印　　次　2019 年 7 月第 1 次印刷
开　　本　890×1240　1/32
字　　数　210 千
印　　张　10.125
印　　数　1-3300

ISBN 978-7-5496-2891-9
定　　价　42.00 元